我的史学人生

瞿林东　著

中华书局

图书在版编目(CIP)数据

我的史学人生/瞿林东著. —北京:中华书局,2016.11
(《文史知识》编委文丛)
ISBN 978-7-101-12252-7

Ⅰ.我… Ⅱ.瞿… Ⅲ.史学-文集 Ⅳ.K0-53

中国版本图书馆 CIP 数据核字(2016)第 259133 号

书 名	我的史学人生
著 者	瞿林东
丛 书 名	《文史知识》编委文丛
责任编辑	林玉萍
出版发行	中华书局
	(北京市丰台区太平桥西里 38 号 100073)
	http://www.zhbc.com.cn
	E-mail:zhbc@ zhbc.com.cn
印 刷	北京市白帆印务有限公司
版 次	2016 年 11 月北京第 1 版
	2016 年 11 月北京第 1 次印刷
规 格	开本/787×1092 毫米 1/32
	印张 12⅛ 字数 230 千字
印 数	1-4000 册
国际书号	ISBN 978-7-101-12252-7
定 价	39.00 元

目　录

中编　品评史书旨趣

下编　探究史学底蕴

题　记

　　从1959年考上北京师范大学历史系本科时算起，我学习、研究历史和史学，至今已有五十六个年头了。其间，有许多时间并不是在思考专业，然而只要是思考专业问题，几十年来，想得最多的，莫过于以下三个方面：一是感悟、回忆老师一辈学者的器识和风范；二是结合教学和研究的需要，研读一些史书，包括古人的和今人的，品评它们的旨趣；三是探索史学演进的轨迹，以及它跟社会与人生的关系。这三个方面的情怀和追求，或许可以概括我的史学人生。

　　自1982年以来，我在《文史知识》发表了几十篇文章，这是《文史知识》编辑部的厚爱，也是《文史知识》读者的关切。因此，我想寻找一种方式，把我上述三个方面的情怀和追求向《文史知识》的读者和史学界关心我的朋友们作一简要的汇报。"《文史知识》编委文丛"的编辑出版，使我的这一愿望得以实现，兴奋和感激之情，一言难尽！于是我拟了三个题目：一、领略师辈风范；二、品评史书旨趣；三、探究史学底蕴。乃以此为类例，选了二十几篇文章，短的千把字，长的万余字，分上中下三编，辑为一书，请大家批评。

上编，领略师辈风范：所辑文章皆关于老师一辈的学者，或直接在门下受业，或间接受到启迪和鼓励，或系忘年之交。笔者所受教益，终生不忘，几篇文章，难以表达其万一。

中编，品评史书旨趣：是根据不同的风格和特点之古今论著而予以品评的文章，其中有两篇是综论性的。

下编，探究史学底蕴：所谓"史学底蕴"，似乎不太好理解，依我的肤浅认识，史学底蕴是指史学中的思想及其外在表现形态在社会上的影响。当然，也可以用另外一种说法，即探索史学的本质及其在社会中的位置。这里辑入的文章，多着眼于思想。这是因为，许多年来外国学者多不认为中国史学有思想、有理论，即使中国学者似也不十分看重这一点。此种情况，应有所改变才好，这是需要大家共同努力才能做到的。

瞿林东

记于2015年6月5日

上编 领略师辈风范

伟哉，七十岁开始做学问

　　今年是已故著名历史学家白寿彝先生诞生一百周年纪念，在北京师范大学举办的纪念会上，参加会议的学者们，往往都要提到白寿彝先生在改革开放初期说过的一句话："我七十岁才开始做学问。"白先生在世时，这句话在史学界已传开。现在，他已经去世近十年，人们对这句话的深意仍在重复着、思考着。

　　这句话的内涵和魅力究竟在哪里呢？它反映了白寿彝先生怎样的一种精神境界？作为他的学生，起初我并没有认真想过，只是感到白先生有一种十分乐观的从事自己事业的激情。直到2002年，北京师范大学庆祝百年校庆之际，我得知中央电视台将在一个直播节目中，要我就白先生的学术成就谈谈自己的认识。这样重要的事情，我自然做了应有的准备。然而，当我到了中央电视台时，电视台的记者却向我提出了一个我未曾预料到的问题："白寿彝先生曾经说过，他七十岁时才开始做学问，您是怎样理解他这句话的意思的？"直播很快就要开始，容不得我多想，只能很快地做一些思索，结合白先生平素的言谈，从时代、学品、积累和创新三个方面谈谈自己的认识。

直播开始了，当记者提出："您是怎样理解白寿彝先生说的他七十岁才开始做学问这句话"时，我按照临时的"准备"，面对全国的观众，回答说：

第一，这句话反映了白先生对当时所处时代的欢欣鼓舞。他常说，现在不像过去，总是在"开会"，安不下心来，做不了什么事情。现在好了，会开得少了，能够安心坐下来做点学问了。这几句话，当时讲得很自然、平常。白先生作为一个七十岁的学者，经历了太多的历史变动。在以往那些年代，不是完全不可以做学问，但比之改革开放来说，毕竟有很大的不同。我说他对当时的时代有一种欢欣鼓舞的心情，应是比较贴切的。

第二，这句话反映了白先生虚怀若谷的大家风范。我在做这一概括时，一时间想到了许多许多。从20世纪50年代中期起，他任北京师范大学历史系主任，又曾任中国科学院哲学社会科学学部历史研究所研究员，《历史研究》杂志编委，在史学界享有盛誉，并曾多次作为中国文化代表团成员出国访问。他的《中国交通史》《中国伊斯兰教史纲要》《中国回教小史》《中国回回民族的新生》，以及他关于中国史学史的研究等，在学术界都有一定的影响，尤其是他关于中国史学史的研究，有很高的起点，因而受到同行的格外关注和重视。在这样的学术背景和学术影响面前，他在七十岁时却坦然地表示才开始做学问，表明他对"学问"有深刻的认识和独到的见解，认为那是一个不可穷尽的宝藏，学人在任何时候都处于"学步"之中。白先生把他的第一部论文集命名为"学步集"，正反映了他的这一思想境界。

第三，这句话还反映了白先生对于积累和创新关系的认识。作为一个毕业于燕京大学国学研究院的学人，年届七十，自有相当深厚的学术积累，这是毋庸置疑的。问题在于对这种学术积累如何看待。在白先生看来，以往的积累，只是进行新的学术研究的准备。有一件事给我留下很深的印象：20世纪80年代初，白先生住在西城区兴华胡同13号，有一次我到他家里商量工作时，白先生很兴奋地说，现在条件好，可以坐下来写点东西，这两年几乎每个月都发表文章，这是过去做不到的。听到白先生这

作者与白寿彝先生在一起

样说，我大胆地提出建议：是否可以把改革开放以来这几年发表的文章汇集起来，编成《学步集》二集。白先生摇摇头微笑着说："我现在想要做的，不是整理过去的东西，而是要创造新的东西！"我听了后，深悔自己失言。这件事情过去二十七八年了，宛如昨日。现在回想起来，白先生着手做的几件学术工作，一是大型《中国通史》编纂的起步，二是《史学概论》和《中国史学史教本》的编写，三是《回族人物志》的筹划等，这些，都成了白先生在20世纪80年代卓有成效的学术创新工作。正如他在1982年接受上海《文汇报》记者郭志坤同志采访时所说的那样：

"创新的学术才有生命力！"由此看来，白先生说的"七十岁才开始做学问"，其含义之一，是把七十岁以前的学术积累看作是学术创新的起点，而起点愈高，其创新之意也愈显。白先生的学术生涯确确实实证明了这一点。

人生几十年，往事如烟，时隐时现。但北京师范大学百年校庆之际，中央电视台记者这次对我现场直接采访，以及记者向我提出的问题和我的简要的回答，却记忆犹新，铭刻于心田。前不久，北京师范大学举行的纪念白寿彝先生诞生一百周年的学术研讨会上，有些老先生在讲话中，表示要以白先生说的"七十岁开始做学问"这句话激励自己，表达出向白先生学习的心情，令人感动不已。这又激发起我对那次采访的回忆和思考，于是又有了两点新的认识。第一点认识是："七十岁才开始做学问"这句出自一个史学家口中的质朴的话，却有超出其质朴品格的学术影响力。由此我又想到，这句话或许具有超出一般学术观点之上的一种治学精神而产生长久的影响，成为一代代后学激励自己献身于科学事业的格言。第二点认识是：白先生以七十岁高龄表示"开始做学问"，充分显示出他对生命的热爱和对生命价值的珍惜。对于一个有理想、有社会责任感的学者来说，热爱生命固然重要，但珍惜生命的价值更为重要。这是因为，对于一个有社会影响的学者来说，生命既属于个人，同时也属于社会。因此，他的生命的价值，既是个人价值的体现，同时又是这种个人价值社会化的体现。白先生以其生命中最后二十余年的时间，做了许多学术工作，尤其是完成了12卷22册的《中国通史》巨著，为20世纪几代学人致力于"中国通史"编纂事业画上了一个极有分量的句号，矗立起一座中国通史的丰碑，同时也让世人看到了这位历史学家的最后的生命之光。

在白寿彝先生诞生一百周年之际，我想到了许多、许多。本文所说的这些，就是其中我最想说的事情之一。这里，我不禁从心底里发出这样的感慨和敬意：伟哉，七十岁开始做学问！

（原载《群言》2009年第9期）

通识和器局

——纪念白寿彝先生百年诞辰

引　言

2009年2月19日，是白寿彝先生诞辰一百周年的纪念日。很早就想到要写一点纪念文字，以表达自己对老师的缅怀之情。可是提起笔来，总觉得要写的东西很多很多，真不知从何处着笔。想了很久很久，我想用这样四个字来概括白先生的学术特点和治学宗旨，或许更能反映我对自己老师为学风格的理解，这就是："通识"和"器局"。

从司马迁提出"通古今之变"（《报任安书》），到郑樵倡导"会通之义"（《通志·总序》），再到章学诚总结出来的"通史家风"（《文史通义·申郑》），以及龚自珍所说的"欲知大道，必先为史"（《龚自珍全集·尊史》）。这是包含了知识的渊博、器量的宏大和见识的深刻，可以看作是历史上的史学家的"通识"和"器局"。

　　白先生学术的特点,正是继承、发展了史学上的通识和器局。对此,我以前有一点朦胧的认识,而现在比以前又多了一些理解和认识。1981年,白先生在《史学史研究》上,连续发表了四篇"谈史学遗产答客问"的文章。我在阅读、学习中的那种激动和沉思交织在一起的心境,至今难忘。1981年底,我写了一篇读后的认识《史学遗产和史学研究——读〈谈史学遗产答客问〉书后》,发表在《史学史研究》1982年第1期上面。其中,第三部分就是讲的"专长之才和通识之才"的问题。文中有这样一段话:"值得我们注意的是,作者的四篇《答客问》,以论说理论问题开篇,引用和评论了一百八十种左右书刊,提出了一些有价值的见解,而又采取问答体的形式,反映了作者本人也是努力在用德、学、识、才的标准来要求自己的。这也可以看作是作者对中青年史学工作者的一种'身教'吧。"(《史学史研究》1982年第1期)

　　二十多年过去了,随着岁月的逝去,我对白先生著作的精髓也多懂得了一点。白先生的通识和器局,在他所研究的诸多领域,都更加鲜明地显现出来。

一　理论与通史

白先生从20世纪50年代初，就努力学习马克思主义理论，并把它用来指导自己的研究工作，在此后的半个世纪中，从未中断这种努力，也从未改变这一方向。他在学习和运用马克思主义理论方面，有一个显著的特点，即善于把握马克思主义唯物史观的精髓并把它同自己的研究对象结合起来，从而提出自己的见解。我们打开白先生写的《中国史学史》第1册时，在其目次中，映入我们眼帘的，赫然有这样几个标题："历史理论一：社会存在决定社会意识""历史理论二：物质生产和物质生产者的历史""历史理论三：社会历史之辩证的发展及其规律性"（白寿彝《中国史学史》第1册，上海人民出版社，1986年，第1页）。马克思主义唯物史观有丰富的内容，白先生所强调的这几个基本原理，无疑是很重要的。诚如他所理解的那样："历史理论，首先是史学领域的哲学问题，主要是社会存在和社会意识的关系问题，人民群众在社会历史上的地位问题，历史进程有无规律可循的问题。"（白寿彝《中国史学史》第1册，第11页）从思想史研究和历史研究来看，这几个问题，不仅是重要的，而且也是经常会引起这样那样争论的问题。白先生强调这几条原则，自有其针对性。

白先生善于把理论运用于指导他所从事的研究对象，不仅有明确的和坚定的信念，而且具有突出的实践性和艺术性。那种高屋建瓴的气势，真有一泻千里之感。举例来说，如他在《中国通史纲要》中撰写的《中国历史的年代：一百七十万年和三千六百年》，实则是一篇关于中国历史分期问题的宏论。文中不仅明确地划分了中国历史进程的各个阶段及其特点，而且在关于中国封建社会内部分期问题上提出了独到的见解。这一见解的核心价值，是充分地考虑到在封建社会中占统治地位的地主阶级的变化。因为地主阶级是封建社会中地主阶级同农民阶级这一主要矛盾的矛盾主要方面，其变化直接影响到对劳动力的占有形式和剥削形式的变化。具体说来，他把秦汉时期的世家地主、魏晋南北朝隋唐时期的门阀地主、五代宋元时期的品官地主和明清时期的官绅地主的出现，并在政治上居于统治地位，作为中国封建社会划分为四个发展阶段的标志之一的观点（参见《中国通史纲要》，上海人民出版社，1980年，第16～22页），已为不少学者所认同。

又如白先生在主持制定多卷本《中国通史》的导论卷时，曾确定要写出十二个方面、三百四十六个问题的理论性著作，作为统率《中国通史》的开卷之作。我还清晰地记得，当时白先生要我撰写"家庭"一章。白先生说，在《中国通史》中，难得有机会在某一个地方专门来写中国历史上的家庭，但家庭是社会的"细胞"，有必要在导论中对它的演变做一个概括的阐述。后因种种原因，《中国通史》的导论没有执行这一撰述计划，但白先生仍认为这是一个重要的学术构想。而目前我们所读到的《中国通史》"导论"卷所包含的九个问题，还是十分突出地显示出它的主编的通识和器局。这九个问题是：

统一的多民族的历史；

历史发展的地理条件；

人的因素，科学技术和社会生产力；

生产关系和阶级关系；

国家和法；

社会意识形态；

历史理论和历史文献；

史书体裁和历史文学；

中国和世界。

值得注意的是，白先生在"导论"卷的题记中写了这样一段话，他说：

> 本卷只讲述一些我们感到兴趣的问题，不能对中国历史作理论上的全面分析。一九八一年六月，我们在《史学史研究》第二期上发表了导论的提纲，提出了中国历史的十二个方面，三百四十六个问题，涉及面相当广泛，但在短时期内不能对这些问题都进行研究，经过反复讨论，拟定了现在这样的内容。一九八一年的提纲，我们认为仍值得参考，现作为附录，附在本卷之后。（白寿彝主编《中国通史》第1卷《导论》，上海人民出版社，1989年，第2页）

这里说的"只讲述一些我们感到兴趣的问题"，实际上都是历史理论和史学理论中的一些关键问题。他用"涉及面相当广泛"来表明十二个方面三百四十六个问题的价值，故作为"导论"卷的附录，这既可以反映编撰者的思路和工作进程，也可供将来的研究者参考。

还有一点也是值得注意的，即上述九个方面的问题，既不是讨论历史过程，也不是空发议论，而是以唯物史观的观点和方法，结合中国历史发展的实际，阐述相关的理论认识。可以认为，这是比较系统的以马克思主义唯物史观同中国历史实际相结合而做的理论论述，是唯物史观取得民族形式的一种途径。在唯物史观受到来自国内外的非难和挑战的时候，《中国通史·导论卷》的出版，一方面反映了主编白先生的通识和器局，另一方面也反映了他所指导下的学术群体的实事求是的、开放进取的学术心态。本书面世将近二十年了，仍然具有理论上的价值。

白先生主编的《中国通史纲要》被翻译成多种外文出版，而中文版已印刷了三十多次；他总主编的多卷本《中国通史》受到学术界的高度赞誉，并受到国家领导人的重视和称颂，这同他在通史方面的通识和器局是密不可分的。

二　民族观与民族史研究

白寿彝先生是一位马克思主义史学家，并在20世纪八九十年代成为当时中国马克思主义史家的代表人物之一。同时，白先生又是一位出身于少数民族的史学家。这两个因素，使其对于马克思主义的民族理论具有深刻的和创造性的理解。他的通识和器局，在这方面也反映得十分突出，为治民族史者所推崇、所尊敬。

白先生在《白寿彝民族宗教论集》(北京师范大学出版社，1992年)的题记中写了这样一段话：

中国的历史，是中华人民共和国国土上现有的和曾经有过的民族共同创造的历史。这一点认识，在解放后逐渐为我国史学工作者所普遍接受。这在史学思想上是一个了不起的进步。它既有重要的理论意义，又有深远的现实意义。我在多年断断续续的摸索中，对民族史有两点体会。它经历过单一民族内部的统一、区域性多民族的统一、全国性多民族的统一，以至当前社会主义全国性多民族的统一，统一是我国历史发展的主流。又一点是，尽管在历史上出现过不少的民族斗争，甚至于出现过民族战争，但从整个历史的发展看，我国民族之间总是越来越友好。友好并不排斥斗争的存在，斗争也不能阻挡友好关系的前进。

上面这段话，大致可以表明白先生的民族观和民族史观。

显然，白先生的民族观的核心是："中国的历史，是中华人民共和国国土上现有的和曾经有过的民族共同创造的历史。"这就是为什么他的《民族宗教论集》开篇即是关于"国家与民族"的论述。白先生的这一民族观，早在20世纪50年代初就已经初步形成了。他在1951年写的《论历史上祖国国土问题的处理》一文中指出：

为了说得更清楚，我们不妨说，对于本国史上祖国国土的处理，是有两个办法。一个办法是，以历代皇朝的疆域为历代国土的范围，因皇权统治范围的不同而历代国土有所变更或伸缩。又一个办法是，以今天的中华人民共和国的国土为范围，由此上溯，研求自有历史以来，在这个土地上的先民的活动。这两种不同的办法，显然表示着不同的思想倾向：

第一，前一个办法显然还受着传统的历史观点的支配，就是还受着皇朝历史观点的支配。尽管我们在本国史的工作中，主观上要站在人民的立场，并且事实上也已经站在人民的立场，但如果用这样的办法来处理历史上的国土问题，那么，至少在这一点上，还没有从旧的、非人民的，甚至是反人民的立场上得到解放。这和后一个办法是不同的，后一个办法是已经摆脱了旧的观点，完全从旧的立场上得到解放了。

第二，前一个办法很容易引导我们的历史工作陷入大汉族主义的偏向。因为在这个办法处理下的地理条件，很容易限制了本国史的内容，要使它成为单独的汉族的历史或汉族统治者的历史，要在"汉族"或"汉族统治者"和"中国"之间划上等号。后一个办法采用的结果，却恰恰相反。它可能使本国史有丰富的内容，可能使本国史成为中华各民族共同的历史，可能使本国史告诉我们这个民族大家庭的历史的由来。

第三，前一个办法可能引导我们把本国史一个朝代一个朝代孤立地看，不能把历史和我们现在的社会生活结合起来。后一个办法，恰巧相反，是要求我们从了解现在社会生活的意义上去研究历史的。

从这三点来说，用皇朝疆域的观点来处理历史上的国土问题，是错误的办法；用中华人民共和国的国土范围来处理历史上的国土问题，是正确的办法。我们应该消灭前一个办法，我们应该建立后一个办法。（《白寿彝民族宗教论集》，第25～26页）

白先生关于对历史上中国国土问题的处理意见，既考虑到历史上的发展形势，也考虑到新中国的现实状况，是历史和现实的结合，从而克服了对于国土问题的片面性认识，同时也正确地回答了中国作为一个多民族国家的历史事实。他的这一见解，被许多同行所认同，对于新中国的中国历史研究产生了积极的影响。

1990年，白先生在一次座谈会上，就"统一多民族国家"的问题，讲了三个问题："一个是统一规模的发展，一个是统一意识的传统，一个是'一'和'多'的关系"（《白寿彝民族宗教论集》，第11页），其核心思想，仍然是"统一"和"多民族"的问题。可见，在四十年中，他的民族观是始终围绕着这一条主线贯穿着的。

白先生关于民族史的见解以及如何进行民族史研究的问题，都有许多精辟的论点和重要的设想，这些论点和设想，在民族史研究领域产生了突出的积极影响。

这里，我们要特别提到白先生的三篇文章，一篇是《关于中国民族关系史上的几个问题——在中国民族关系史座谈会上的讲话》（1981年），一篇是《说民族史——在中央统战部、国家民委召开的民族问题五种丛书工作会议上的讲话》（1984年），还有一篇是《关于民族史的工作——在中国民族史学会上的讲话》（1988年）。在这几篇相互关联的文章中，白先生提出了一些重要的学术观点：

首先，是关于历史上民族关系的主流问题。针对学术界久已存在的友好合作、互相打仗这两种对立的说法，白先生指出：

> 我们研究历史，不能采取割裂历史的方法。从一个历史阶段看问题，固然是必要的；从整个历史发展趋势看问题，则是更为重要的。在民族关系史上，我看友好合作不是主流，互相打仗也不是主流。主流是什么呢？几千年的历史证明：尽管民族之间好一段、歹一段，但总而言之，是许多民族共同创造了我们的历史，各民族共同努力，不断地把中国历史推向前进。我看这是主流。这一点是谁都不能否认的。当然，历史发展是波浪式地前进、螺旋式地前进，有重复、有倒退，不可能是直线上升的，总会有曲折、有反复，这是历史发展的规律。但总的讲，我们各民族的共同活动，促进了中国历史的发展。这种情况，在某些地方可能是有意识的，在另一些地方也可能是无意识的，不管有意识还是无

意识，它都推动了中国历史的前进。每一个民族都有一份贡献，可能有的民族贡献多一些，有的民族贡献少一些，有的更重要一些，有的不太重要。这大概是符合历史发展的实际情况的。(《白寿彝民族宗教论集》，第53～54页)

白先生的上述论断，深入浅出地回答了历史上民族关系"主流"的问题。此论一出，原来的争论双方都表示认同，很少再有类似的争论了。从这里我们得到这样的启示：看待复杂的历史问题，既要从具体环节考察，更要从整体上和发展趋势上考察，既要看到事物的一个方面，又要看到事物与事物之间的联系及其辩证演进的前景。

其次，是关于主体民族问题。白先生出身于回族，但他是一位马克思主义史学家，他能够从历史事实、从全民族的利益上来看待民族史问题。这里说的"主体民族"是他的民族史观的又一个重要论点。他认为：

汉族是中国历史上的主体民族，这个提法对不对？我说对。为什么？因为汉族在全国各民族中，无论在哪个时期，都是人数最多、生产水平和文化水平最高的民族。在某些方面，汉族可能不如少数民族，少数民族超过了汉族，但总的讲，汉族水平是比较高的。还有一点非常重要，汉族在全国各民族中，始终成为我们国家的稳定力量，没有这个民族不行。……中国历史几千年连续不断，在世界史上是少有的。这个功劳，汉族应居第一位；如果没有汉族，少数民族做不到这一点。当然，我们说汉族是主体民族，并不是说少数民族无关紧要，并不是说这个老大哥可以欺侮兄弟、压迫兄弟，绝不是这样。我们说尊重汉族的历史，这跟大汉族主义是两回事。汉族成为主体民族，可能成为大汉族主义思想滋长因素之一；但不等于说，汉族作为主体民族就一定要产生大汉族主义。

白先生进一步分析说："值得注意的是，这个稳定力量，并不因为元代是蒙古贵族的统治、清代是满洲贵族的统治而有所削弱或受到排挤。元代和清代的统治，尽管是少数民族的贵族当权，但必须得到汉族地主阶级的拥护，没有汉族地主阶级的拥护，蒙古贵族、满洲贵族的统治也不可能稳定。这个看法，是符合历史实际的。"（《白寿彝民族宗教论集》，第57页）白先生所论是完全正确的。

今天，我们还可以进一步发展白先生的上述论点，从元朝、清朝统治时期在意识形态领域中的历史文化认同方面做进一步的说明。应当强调的是，这方面的历史资料的发掘和阐说，尚有很大的空间。作为白先生的门人，我们有责任去努力从事这一工作，使白先生的学术观点进一步发扬光大。

再次，是关于少数民族对边疆的开发和捍卫问题。白先生的民族史观和民族史研究，总是从"多民族"的视角出发，其中蕴含着深刻的辩证观点和全局意识。他在讲到研究和撰写"多民族的统一"的历史时，强调指出：

> 我们要写多民族的统一，写各民族同汉族在相互关系上的发展。各族有各族的特点，但也离不开"共同性"。第一点是对边疆的开发，少数民族出了很大的力量。没有他们，边疆开发是不可能的，他们的功劳是不可磨灭的。他们在边疆地区繁衍、生息、生产劳动，不断开拓，经历了多少个世纪。旧的史书，把少数民族同汉民族的关系，写成是少数民族不断文明化的过程，这是不对的，正是少数民族开发了那个地方。第二点是要大写我们少数民族如何捍卫我们的边疆。这两方面

的材料可多可少，但内容很要紧。没有这两点，就没有今天的中国。（《白寿彝民族宗教论集》，第68页）

在中国历史进程中，少数民族的贡献是多方面的，而对边疆的开发和捍卫，可以说是最重要、最伟大的贡献。"没有这两点，就没有今天的中国"，这样一个深刻的结论，是真正把少数民族的地位放到历史的高度和现实的价值加以估量和评价。对于这一结论，当今的史学工作者，仍有深入理解、深入研究的必要。

此外，白先生还谈到了研究和撰写民族史的其他问题，如：

——关于民族史研究的资料工作和理论指导问题。白先生指出，不应把资料的收集、整理看成是简单的工作。他说：正史中的资料、正史以外的资料、地下出土的资料，以及外国传教士和外交官的资料、外国政府公布的档案资料等等，都应当关注。他认为："这些年，我们的资料工作做得不少，但重视得还不够，还不能摆在应有的地位上去看待。有些单位把资料工作一律看成是简单的工作，这是不对的。资料工作中，有比较简单的，有相当复杂的，有时比写论文还要难。"（《白寿彝民族宗教论集》,第72页)这些话,把资料的大致范围及其重要性都讲到了。

同时,白先生又强调了理论指导的重要性。他既有原则又有分析地指出:

> 又一件事,是理论方面的。我们的民族史工作,必须以马克思主义为指导,这是不可动摇的。说是指导,是指基本观点、基本方法上的指导。我们要在指导下工作,要结合中国实际运用马克思主义、发展马克思主义。在中国民族史里,有不少理论问题有待进一步研究,有待于深入的发掘。我们对一些已经提出来的问题,已经习以为常的看法,还是可以重新提出来进行再认识的。(《白寿彝民族宗教论集》,第72页)

从这里可以看出,白先生强调了马克思主义同中国民族史的结合,才是运用马克思主义理论指导民族史研究的正确方法。这是白先生始终不渝的治史宗旨,即以唯物史观同具体的研究对象结合起来,从中提出理论性的认识,得出合理的历史结论,并丰富马克思主义唯物史观。白先生还进一步解释重视理论在学术发展上的意义，他说：

> 理论更高的成就，在于能有更多方面的联系，能解释更多的矛盾。因此，我们也就必须有更广阔的视野。我们民族史工作者，各有自己的专史、专题，但不能作茧自缚，要把上下古今、左邻右舍尽可能地收入眼下。我们必须注意，研究一个民族的历史，至少需要懂得一些其他有关的民族的历史，懂得中国历史发展的全貌。同志们，我们的工作是必须付出艰苦劳动的工作。但同时，我们是在进行推动历史前进的工作，意义是很深刻的。（《白寿彝民族宗教论集》，第73页）

白先生从自己的治学经验中总结出理论的价值和意义，对于我们这些晚辈和中青年史学工作者来说，是极可宝贵的思想遗产。重温他的这些话，感到格外亲切、格外有分量。

——关于民族史的撰写形式问题。白先生在中国史学史方面的造诣，使他往往从中国历史编纂的优良传统来看待史书编纂问题。他关于民族史的撰写形式也提出了一些具体的意见，他说：

民族史的写法不要千篇一律。不一定都写成社会发展史的形式，体裁可以有多种。否则很多东西不易写进去，要不拘形式。按照各民族的材料，采取适当的形式，不要写得太呆板。不要只引用经典著作。经典著作的结论，不能代替历史。历史是具体的。比如说，某个民族是哪一年形成的，不好说。这都有个长期的过程。写书的时候，也可以使用传说。汉族的历史就有很多传说嘛。写明它是历史传说就是了。有的传说可能失真，但不能说完全没有真实性。它总有个历史的影子嘛。提供材料、讨论，需要人多一些，但写书时无须太多人。人多了不好办，改也不好改，总得有拿主意的人。学术问题不能投票，不能搞少数服从多数。写成的书稿要保证有一定的水平。（《白寿彝民族宗教论集》，第69页）

理论、形式、历史、传说以及它们的相互关系，都是历史编纂中要碰到、要正确处置的问题，白先生也都讲到了。可以看出，他在民族史研究方面，从一般性原则到如何着手去做，都提出了自己的看法，有些是他亲身的经验，有些是他的设想，都值得后人珍惜。

除了在理论、方法论的遗产方面，白先生主编的《回

族人物志》(四卷本,宁夏人民出版社)和《中国回回民族
史》(上下卷,中华书局,2003年)反映了他在民族史撰述
上的主要成就。

三 史学史论与史学史撰述

白先生在20世纪30年代末致力于中国史学史教学工
作,从20世纪60年代初开始,便以较多的精力致力于中
国史学史的研究工作,并创办了《史学史研究》学术季刊
(目前,这一学术季刊在国内外都有较大的影响)。

白先生关于中国史学史的认识和研究,同样显示出
他的通识和器局,从而得到这一研究领域的同行的尊敬。
他在这一研究领域所表现出来的通识和器局,主要反映
在以下几个方面。

第一,是关于对中国史学史研究任务的认识和阐述。
中国史学在目录学方面有丰富的遗产,而在20世纪上半
叶又有多种史部目录解题或要籍介绍的专书问世。中国
史学史的研究和撰述,怎样从史部目录学和要籍介绍的
性质走出来,从而走出一条史学史这门专业、学问的发展
史?这是史学工作者的责任。20世纪前期,金毓黻的《中

国史学史》做了初步的尝试；20世纪五六十年代，刘节在教学中也做了可贵的努力，这见于他的学生们所整理的讲稿《中国史学史稿》。白先生认为，要把中国史学史的研究和撰述推进到新的高度，首先必须明确中国史学史研究的任务。他在1964年发表的《中国史学史研究任务的商榷》一文中，提出了自己的见解，认为中国史学史研究的任务，主要是"阐明规律和总结成果"，以及努力做到理论和资料的结合。他指出，掌握马克思主义的科学的历史观和方法论，阐明规律（包括思想发展的规律和一些技术上的规律）是可以做到的。而总结成果主要是下功夫研究史学上的一些代表作。而这两点，只有在不断提高理论水平和详细占有资料的情况下才能做到（《白寿彝史学论集》下册，北京师范大学出版社，1994年，第595～601页）。

《中国史学史研究任务的商榷》是一篇理论文章，如果我们联想到白先生此前发表的《谈史学遗产》一文，以及他在20世纪80年代提出的三十部代表作的有关见解，就可以理解他所说的"阐明规律和总结成果"的丰富内涵。白先生在1961年撰写的《谈史学遗产》这篇长文中，提出了应当重视的七个方面的问题：一是关于史学基本观点的研究（含对历史观的研究、对历史观在史学中的地位的研究、对史学工作的作用的研究），二是关于史料学遗产的研究，三是关于历史编纂学遗产的研究，四是关于历史文学遗产的研究，五是关于各个历史问题的前人已有成果的研究，六是关于史学家和史学著作的研究，七是关于历史启蒙书遗产的研究（《白寿彝史学论集》上册，第472~479页）。其中，有些观点他在80年代所写的四篇《〈谈史学遗产〉答客问》中，又有了新的发展（参见《白寿彝史学论集》上册，第494~550页）。显然，我们如果能正确地运用马克思主义理论并结合有关历史著作来研究中国史学史上的这些问题，我们就有可能不断认识中国史学的发展规律。

至于中国史学史上的成果，可谓"汗牛充栋""浩如烟海"，人们常有望洋兴叹、无从下手之感。对此，白先生从大处着眼，提出了三十部著作，建议致力于中国史学史研究的朋友们作为阅读、研究的参考。他在1987年对史学研究所举办的面向全国的中国史学史助教进修班的学员的讲话中，讲到了读书问题，他说：

　　最后，讲讲读书的问题，研究史学史要认真读书。

老师在堂上讲书，要听，要讨论，要体会，这是间接的读书。但是最重要的是要自己认真读书、直接理解，光靠耳食不行。最近我们选了二十七部书，要求学习史学史的同志们必须读。这二十七部是：《书》《诗》《易》《周礼》《仪礼》《礼记》《春秋》《左传》《公羊传》《穀梁传》；《史记》《汉书》《后汉书》《三国志》；《续汉书》的《志》、《五代史志》（即《隋书志》）；《通典》《通志》《资治通鉴》《文献通考》《史通》《文史通义》；《宋元学案》《明儒学案》；《明夷待访录》《日知录》《读通鉴论》。此外，我又添上三部，凑成三十部，这三部是《论语》《孟子》《读史方舆纪要》。就同学们讲，这么多书一年里读不完，十年念完就是很不错的了。怎么办？我想这个投资是必要的，有机会可以买上，没有这几部书是不行的。（《在史学史助教进修班座谈会上的讲话》，见《白寿彝史学论集》上册，第291～292页）

白先生推荐的这些书，在白先生主编的《史学史研究》的"读书会"的栏目中多有评价，受到读者的重视。

上述这些事实表明，白先生治学，从不空谈理论，而是以理论与实际相结合为其指归。白先生所著《中国史学史论集》以及他主编的《中国史学史教本》(后改名为《中国史学史》)、六卷本《中国史学史》等,反映了他在不同历史时期的中国史学史研究成果。

第二,是倡导研究中国史学史上的重大问题。中国史学史的时间跨度大,内容丰富,需要研究的问题非常多。史学史研究者如何在顾及整体面貌研究的同时,捕捉重大问题作深入研究,这是推进中国史学史研究的战略性问题。针对这一问题,白先生高屋建瓴地提出他对这一问题的思考。1984年,白先生发表了一篇文字甚短而分量极重的文章,即《中国史学史上的两个重大问题》。文章首先概括当时中国史学史研究和撰述的状况,指出:"近几十年来,关于中国史学史的著作数量还不大,但总是慢慢地多了起来。这些书,在见解和功力上,相互间的差距相当大。但也有一个比较共同的地方,就是它们受到《隋书·经籍志》和《四库全书总目提要》的影响相当大,史书要籍介绍的味道相当浓。金毓黻先生的《中国史学史》和刘节先生的《中国史学史稿》,是两部比较好的书,但也似乎反映它们由旧日的史部目录学向近代化的史学史转变的艰难过程。"白先生在平时同他身边的研究人员曾这样形象地比喻过：金毓黻先生的《中国史学史》是第一代产品，刘节先生的《中国史学史稿》是从第一代向第二代过渡的产品，我们所要做的工作是完成第二代产品并向第三代产品过渡。可见，他是把自己的学术工作以及他所领导的学术群体的研究工作，置于整个学术史发展的长河中来看待、来估量的。唯其如此，他总是在学术发展的关键时期提出新的见解，以推进学术的进步。因此，他明确而坚定地提出：

> 近两年，国内的形势很好，在某些战线上，大有突飞猛进之势。在这样的新形势下，我们的史学史工作也应该甩掉旧的躯壳，大踏步前进，把新的史学史学科早日建立起来。这件工作牵涉的方面比较多，但我认为有两个重要问题，是应该多下点工夫及早解决的。这两个问题如果解决得好，史学史这门学科就可能面目一新。（《白寿彝史学论集》下册，第603页）

依我个人的浅见，白先生在这里说的"甩掉旧的躯壳"，就是要摆脱"史部目录学"和"史书要籍介绍"的影响，展开对中国史学史上重要问题的研究，当然包括对上文所说到的那些问题的研究。而这里说的"大踏步前进"，这一方面同历史形势有关，另一方面也同学科建设有关。这正是一位有高度社会责任心的学者的本色的体现：他的学术脉搏总是与时代的脉搏一起跳动的。

那么，白先生所说的两个重大问题是什么呢？文章这样说：

> 我说的这两个重要问题，第一，是对于历史本身的认识的发展过程；第二，是史学的社会作用的发展过程。是社会存在决定社会意识，还是社会意识决定社会存在？社会发展是有规律的，还是无规律的？群众是历史的主人，还是杰出人物是历史的主人？像这些问题，都是属于第一类的问题。还有，生产状况的升降、地理条件的差异、人口的盛衰，以及历代的治乱兴衰，史家学、思想家和政治家对于这些现象如何认识，这也属于第一个问题的范围。史学的成果是否对社会有影响，史学家是否重视历史观点对社会的影响，以及历史知识的传播对社会的发展是否起作用？这些都属于第二个问题的范围。（《白寿彝史学论集》下册，第603页）

概括说来，这里说的两个重大问题，一是对历史的认识，一是对史学的认识。对历史的认识，重在认识历史的规律；对史学的认识，重在对史学功用的认识。这两个问题是密切联系着的。只有认识了历史和历史发展的规律，才可能认识种种史学现象和史学的本质。诚然，史学史研究者真正走到了这一步，那就不仅"甩掉旧的躯壳"，而且可以"大踏步前进"了。

我常常在想：研究中国史学史的朋友，多了解、认识一些历史问题和历史理论问题，那么中国史学史的研究一定会有更大的发展。同样，研究中国历史的朋友，倘能多关注一些史学史的问题和史学理论问题，那么关于中国历史的研究一定也会有新的起色。在我们纪念白先生百年诞辰的时候，重温他的这些卓见，再一次给了我们许多启发。

第三，是提出建设有中国民族特点的马克思主义史学的具体目标。这实际是关于中国史学发展的方向问题。1983年，白先生在陕西师范大学历史系作了题为《关于建设有中国民族特点的马克思主义史学的几个问题》的演讲。演讲包含了六个部分，白先生开宗明义说：

我所谈的题目是:《关于建设有中国民族特点的马克思主义史学的几个问题》。这是一个总题目。可以说的问题不少,我想谈六个问题。第一,关于历史资料的重新估价问题;第二,史学遗产的重要性;第三,取鉴于外国历史的问题;第四,历史教育的重大意义;第五,历史理论和历史现实的问题;第六,史学队伍的智力结构问题。(《白寿彝史学论集》上册,第307页)

这里有两个关键词,一个是"中国民族特点",一个是"马克思主义史学",二者缺一不可。当然,还有一个关键词,就是"建设",是需要史学工作者去认识、去实践、去创造,才可能成功。

值得注意的是,白先生在这篇演讲中,并没有过多地讲建设有中国民族特点的马克思主义史学的重要性等有关理论问题,而是以一个史学大家的通识和器局,对中国史学发展的方向和前景提出了人们可以认识、可以实践的具体路径。

他讲的"关于历史资料的重新估价",是提出了"历史资料的二重性"问题。关于历史资料,白先生认为:"第一,它是记载过去的事情,同时,还是用于解释现在的资料。如果不懂得历史资料，我们无法解释现在，对当前的许多问题解释不了。""第二，历史资料不止是研究历史的资料，同时还是好多种学科的研究资料。它既是历史资料，又是当前进行一些学术研究的资料。"（《白寿彝史学论集》上册，第308页）他的结论是："我们过去那种把历史资料看成是死东西的思想，要有所改变。要看到历史资料的很大一部分在今天还是富有生命力、还能够加以利用，还应在原有基础上加以发展。我们学历史首先遇到的是资料问题。把历史资料的作用看得宽一点、深一点，对历史资料本身也增加活力，容易跟现实结合，不至于把它看成一去不复返的东西、毫无联系的东西。这个问题还是个很大的问题。"白先生对历史资料的阐说，饱含着唯物辩证法的方法论，即既看到历史和现实的联系，又看到历史学与其他学科的联系。

关于"史学遗产的重要性"，白先生再一次强调了总结中国史学上的历史思想、历史文献、历史编纂、历史文学四个方面遗产的重要性，指出："对史学遗产的这四个方面，我们应该进行总结，发扬优良传统，为建设我们有民族特点的史学作出贡献。"（《白寿彝史学论集》上册，第309页）

至于"历史理论和历史现实"问题,他一方面指出理论同现实的关系,认为应当"从历史现实里边总结出理论,不是个简单的事情,理论是要不断发展的"。另一方面,他又强调理论的指导作用的重要性,指出:"有理论跟没有理论大不相同",有理论,"可以推动我们的事业更快地前进,更准确地前进"(《白寿彝史学论集》上册,第315页)。他从理论同实践的关系总结出规律性的认识,并把这一认识和史学工作联系起来,指出:

> 有了理论,见于现实;有了理论,指导实践。这不是一件容易的事情,要得到大家认识一致了,基本上一致了,或者大部分一致了,这个理论才能变成现实。把理论应用到历史研究上,也是一个道理。我们要总结中国的历史,要总结中国历史和外国历史之间的共同性、差异性,总结一下在马克思普遍真理指导下的中国历史学发展的规律。懂得规律了,有利于推动研究工作的不断发展提高。总结规律的本身也有一个不断提高认识的过程。这个工作是艰巨的,但是这条路必须走,不管怎样走。现在有一些人在探讨许多枝枝节节的问题,这也有用处,但光这样不行,还应该抓大的,纵观全局,

从理论上看，在理论上下功夫。(《白寿彝史学论集》
上册，第315页)

白先生在20世纪80年代说的这番话，对今天的史学工作
仍有指导的意义和重要的参考价值，即研究历史，要重视
全局，要提高理论水平，要努力发现和揭示事物发展的规
律，不应当在"枝枝节节"的问题上流连忘返。

关于"历史教育的重大意义"，白先生现身说法地讲
道：

我们历史工作者，是不是有很多人考虑历史教育的
问题？我还不敢说。从我个人来讲，在历史系工作了好
几十年，一直到最近两年才考虑教育问题。我过去对历
史研究考虑得多，对历史教学考虑少了一些，对历史教育
就没有考虑。我们历史研究的成果，历史教学的成果，
对历史教育有影响，这是不错的。但是主观上自觉地考
虑教育问题不够。这反映我们的学术工作、教学工作还
是有学院式的味道，眼睛没有看见我们的工作对国家前
途的关系，没有看见对于培养下一代人的重要意义。就
这一点讲，我们的工作是有缺点的。(《白寿彝史学论

集》上册，第315～316页）

他的这些话，是真正的出自肺腑之言。在20世纪最后的二十年中，白先生关于历史教育的文章、谈话有二十篇之多，这在史学家中是少见的，可见他对历史教育的认识，确已发展到很高的境界。他在1982年还出版了《历史教育和史学遗产》一书，在此书的题记中，白先生坦率地表明他对历史教育的认识有一个发展过程，他写道：

> 我从事教育工作已有四十四年。从事历史研究工作，还要多几年。这实际上，不管我持的立场和观点怎样，都做的是历史教育的工作。但长期以来，我只是简单地认为，这是传播历史知识的工作，是客观地研究历史问题的工作，没有自觉地把这个工作跟现实联系起来，没有认识到这是历史教育的工作。一直到最近几年才意识到历史教育的重要性，应该把史学工作跟教育工作联系起来。（白寿彝《历史教育和史学遗产》，河南人民出版社，1982年，第2页）

作为一代著名史学家，白先生如此真诚地检讨自己，无情地"解剖"自己的思想，使我们这些做学生的着实感到惭愧和内疚，从而激发起我们在历史教育方面去做更多的工作的热情。时下，关于"历史"方面的"讲坛"在在多有，为历史结论"翻案"的"新论"层出不穷，这自然是打着"观众需要"的旗号，但这旗号的背面恐怕还是隐约地写着"媚俗"和"效益"的注释。面对这样的情况，有责任心的史学工作者，真的应当像白先生当年那样，严肃地思考历史教育问题，并把这个问题同自己的工作、事业紧密地联系起来，以此告慰九泉之下的白寿彝先生！

结　语

白先生的通识和器局，不仅在通史、民族史、史学史领域"自为经纬"，而且贯通于这几个领域之中：他主持的通史编纂，不仅包含着丰富的民族史思想，而且体现出史学史中历史编纂的优良传统；他主持的民族史、史学史撰述，则蕴含着通史的背景和底蕴。不仅如此，他的通识和器局，还反映在他的教学思想和教育思想之中，并在许多方面付诸实践，收获了丰硕的成果。

明清之际的黄宗羲这样说过："大凡学有宗旨，是其人之得力处，亦是学者之入门处。"又说："学者而不能得其人之宗旨，即读其书，亦犹张骞之初至大夏，不能得月氏要领也。"（《明儒学案·凡例》）我跟随白先生学习、工作多年，也在时时思考先生治学之宗旨，为的是希望早些摸索到"入门"处。然思之愈久，则愈觉先生之高不可攀。现在有一点点体会，也只是心向往之而已。

那么，以我现在的认识，如何来概括先生的治学宗旨呢？我想借用章学诚评价郑樵的话来作这样的比喻，或许是比较恰当的。章学诚称赞郑樵"独取三千年来遗文故册，运以别识心裁，盖承通史家风，而自为经纬，成一家言者也。"（《文史通义·申郑》）白先生治史，倡导通识，在"承通史家风"方面，卓然名家。他在中国通史、中国民族史、中国史学史方面的许多真知灼见及其相关著作，亦可谓"自为经纬"之说。这可以说是白先生继承前人的地方。但白先生更有超过前人之处，亦如章学诚所言："作史贵知其意，非同于掌故，仅求事文之末也。"（《文史通义·言公上》）从今天的眼光来看，这个"意"，自应依据作者所处的时代予以探究。白先生治史所追求的"意"，是着眼全局，阐明规律，而马克思主义的理论、方法论，正是他能够继承前人而又超越前人的真谛。

这里，我又想起了唐人对史学家的要求，即"博闻强识，疏通知远"（《隋书·经籍志二》大序）。对这两句话似可以作两种理解，一种理解是："博闻强识"是"疏通知远"的基础，"疏通知远"是"博闻强识"的提升；还有一种理解是："博闻强识"和"疏通知远"是相辅相成的两个方面，是知识积累和器局熔炼相辅相成的关系。不论人们作怎样的理解，白先生在治史方面所具有的通识和器局，都可以看作是在马克思主义指导下的、当代的"博闻强识，疏通知远"的史学大家。在我看来，长于通识，贵有器局，这就是白寿彝先生的治史特点和治学宗旨。

对于一位成就卓著的学术大家来说，人生有涯而其学术生命却可长存于世。白先生的学术思想、学术宗旨、学术成就，必将嘉惠于一代代后辈学人，推动学术的发展、新生！

（原载《史学史研究》2009年第1期）

白寿彝教授谈读书

一封关于读书会的信

去年十二月上旬的一天，我接到白寿彝教授的一封信。这是一封打印的信，全文是：

xxx 同志：

多年来，我总想有个经常性的机会，大家谈谈读书心得，交换对于新书刊的意见。我想，这对于开阔眼界，交流学术见解，推动学术工作，都有好处。现在想把这个想法试行一下。拟于一九八二年一月上旬，邀请少数同志谈谈对八一年新出史学书刊的意见。对一本书也好，一本刊物也好，一篇文章也好，希望您准备一下，最好先把题目告诉我。具体聚会日期和地点，另行通知。

　　　此致

敬礼

　　　　　白寿彝 一九八一年十二月七日

　　读了这信，深受教育。寿彝先生年事已高，研究任务和社会工作都十分繁重，为何还要分出宝贵的时间亲自来抓读书会？当然，重视读书，讲究读书方法，这确是寿彝先生一贯的治学主张。但是，恐怕这还不是他主张把有关读书会的想法"试行一下"的直接原因。这个直接原因是：他认为，现在不少史学工作者，或从事教学，或从事研究，大多缺乏认真读书、深入钻研问题的工夫。他说："现在学术界有的同志，抓住几条材料拼凑成文，没有下工夫读书，我看这不是治学的大路子。"寿彝先生当了多年系主任，近几年来又兼管北师大史学研究所的领导工作，他始终认为，只有认真读书才能提高教学质量和科研水平。他抓读书会，看起来似是琐碎事情，实则是端正学风的大事。对于史学工作者的队伍建设来讲，亦可谓"治本"措施之一。

"要关心当代人的著作"

当代人要读当代书，这好像是不成问题的事情。其实，也不尽然。我们一些研究历史的同志，特别是一些研究中国古代史和中国近代史的同志，虽说都是当代人，却未必都对当代书发生兴趣。要说这是一个优点，大概谈不上；若说是一个缺点，也真有人意识不到，或者意识到了但不愿承认它。一月上旬，我参加了寿彝先生邀集的读书会，他在读书会开始的时候说："我们历史界有个习惯，不大关心当代人的著作。这就等于把自己封锁在小楼里了：不能广泛地吸取今人的成果，思想很狭隘，水平提不高。现在还是出了一些好书，漠然视之，是不对的。"他的这些话，不仅指出了一些史学工作者治学的缺陷，而且也说明了这缺陷的危害。

治学如积薪，后来者居上。忽视今人的著作，不去汲取今人的研究成果，闭目塞听，自以为是，是难于在学术上有大作为的。有些搞中国史的人，常常慨叹于"浩如烟海""汗牛充栋"的原始材料，穷年累月，无暇他顾，所以对当代人的著作也就不免有些冷漠。而冷漠的结果，是孤陋寡闻，常走弯路。记得《吕氏春秋·察今》篇有几句话是："有道之士，贵以近知远，以今知古，以益所见知所不见。"这里讲的"近"与"远"、"今"与"古"、"所见"与"所不见"的关系，主要是指人们对社会和历史的认识方法。这种认识事物的方法，对于读书来说，也还是有启发的。如果不关心今人对史事的研究，不努力从今人已经取得的成果的基础上进一步提高，那么，即便"皓首穷史"，也未必能有所成就。

寿彝先生关于读书会的信，特意强调"交换对于新书刊的意见"，尤其是"对八一年新出史学书刊的意见"，认为"这对于开阔眼界，交流学术见解，推动学术工作，都有好处"。他的这些话，他提倡这样的读书会，正是他循循然希望我们中青年史学工作者在治学的道路上，不要走这种弯路，吃这种亏。

"不捧场，也不挑眼"

当代人读当代书，于自己的思想和治学无疑都大有裨益。如果能在读书会上对所读书刊发表一些看法，那么，对其他人也会有所启发。倘若再把这种看法写成评论文章，发表出来，那无疑会促进学术的繁荣。可见，开展书评，的确是很要紧的事。

然而，言之容易，行则难矣。寿彝先生常说："我国的文学界就够脆弱的了，而史学界比文学界还要脆弱。缺少评论，缺少批评和反批评。有许多书是费了很大气力才得以出版的，但出版以后，没人过问，久而久之，湮没无闻。这种现象，是有碍于学术的繁荣的。"他说："国外有些杂志，书评所占篇幅达到三分之一以上。这种形式，值得我们借鉴。"

学术上的繁荣进步，要靠评论工作来促进，光有出版物而没有评论，学术界的著作水平是很难迅速提高的。怎样开展书评呢？寿彝先生认为，最重要的是实事求是。他说："我们可以选择一些新书，组织读书会。每次会议，可以以一部书为中心，大家发表不同意见。说书的好处，要确切指出它的优点，不是一般地捧场；说它的缺点，要确切指出它的不足之处，最好能提出补充和修改意见，而不是挑眼。同这种读书会活动并行的，有关报刊可以多组织一些书评。"当然，读书会的形式和有关报刊的支持，是开展书评的重要条件，但关键还在于要有实事求是的态度：赞扬，但不捧场；批评，但决不挑眼。目前流行的一些介绍性书评，似尚有进一步提高质量的必要，而专题性书评，则无论在数量和质量方面都还需要鼓励、提倡。

寿彝先生对于他的这些主张、想法，并非只是流于空言，而是身体力行、付诸实践的。他主编的《史学史研究》季刊，就把评论当代史家和史书作为重要内容之一。他近年来发表的一些论文，如四篇《〈谈史学遗产〉答客问》、《六十年来中国史学的发展》和纪念陈援庵、顾颉刚二位老先生的文章等，对当代史家和史书也都有不少中肯的论断。有一次，寿彝先生带着热烈的情绪对我们说："我们要造成这样一种学风：一部著作出版了，有人关心，有人过问。我们研究史学史的人，更要关心。这样做，不仅有利于自己的提高，而且对作者和广大读者都有益处。"我想，果能如此的话，那么，史学评论的发展一定会成为我国史学繁荣的先兆。

"读书之'读'，是有抽绎之意"

开卷有益，这话固然是不错的。然而"益"之多寡，却又在于如何去读。善治学者，首先在于善读书。我们常说："打算多读点书。"但对读书的"读"，却未曾深想过,这是不善于读书的一种表现。

寿彝先生说:"读书要下功夫,写书评也要下功夫。"所谓"下功夫",不应仅仅理解为时间的延续和次数的增加,而是首先在于善读。他说:

> 读书之读,似应理解为书法家读帖读碑之读,画家读画之读,而不是一般的阅览或诵习。
>
> 《诗·鄘风·墙有茨》把"不可读"列于"不可道""不可详"之后,意思应比"道"(道说)、"详"(详说)更深一些。《毛传》:"读,抽也。"《郑笺》:"抽犹出也。"是有抽绎之意。这个古义,我觉得很好。《孔疏》以为:"此为诵读,于义亦通。"这是孔颖达的浅见。

这是寿彝先生二十年前发表在《北京师范大学学报》上的一则短文中的一段话,讲得精辟透彻、耐人寻味。当然,他对于读书之"读"的寻讨和阐发,绝不是由于对文字训诂发生了特殊兴趣,而是反映了他自己对于读书的认识、理解和要求。我们通常"看书""读书",可能多是观看、阅览、诵读,而非"抽绎"。前者是一种省气力、少获益的读书方法。读书要能作到"抽绎"，即抽出要旨，理出头绪，只有在真正理解了所读之书之后才能达到，而且要有概括和提炼的功夫；否则，是"抽绎"不出什么东西来的。

难，这是当然的。但既要读书，还能怕难么！

白寿彝先生是一位渊博的学者。他关于读书的这些经验之谈，是很值得我们重视和思考的。

(原载《读书》1982年第5期)

历史：知识、修养、义务和道德

——一个民俗学家的史学观

近读钟敬文先生主编的《中国民俗史》总序，颇受教益。这篇"总序"本是钟先生对民俗学专业博士研究生的讲话，经董晓萍教授整理，冠于《中国民俗史》书首，题为"总序"。

"总序"纵论中国民俗学的发展态势，并时时提到一些国外的民俗学研究的论著并加以评论。总序针对博士生的培养路径，较广泛地讨论了读书与治学方法的问题，而在博士生如何选择、确定学位论文论题方面，多所措意。读完总序之后，我的感受和认识可用四个字加以概括："大家风范。"

总序有一段话，我读后为之振奋，不禁陷入深深的沉思。钟老不专门研究史学，但他这几句话，却同我们所研究的史学理论有极大的关系，并给予我们新的启示。这几句话是:"历史不仅仅是一种知识,还是一种教养、一种义务、一种道德,我们应该对学习历史有自觉的要求。"

历史学是一门知识,这是人们早就有了的认识。东汉王充说:"知古不知今,谓之陆沉;知今不知古,谓之盲瞽。"(《论衡·谢短》)古今是有联系的,不懂得历史知识,这种联系就建立不起来。清人龚自珍说:"欲知大道,必先为史"(《龚自珍全集·尊史》),说明历史知识是认识社会发展法则的基础。这都是在强调历史知识的重要性。

历史学是一种教养,这一见解,所见不多,我们也未曾认真思考过。经钟老启发,我于是想到了古人的有关论说和做法。春秋时期楚庄王时,大夫申叔时论教导太子读书,说道:"教之《春秋》,而为之耸善而抑恶焉,以戒劝其心;教之《世》,而为之昭明德而废幽昏焉,以休惧其动;教之《诗》,而为之导广显德,以耀明其志;教之礼,使知上下之则;教之乐,以疏其秽而镇其浮;教之《令》,使访物官;教之《语》,使明其德,而知先王之务,用明德于民也;教之《故志》,使知废兴者而戒惧焉;教之《训典》,使知族类,行比义焉。"(《国语·楚语上》)三国时人韦昭对上述内容作了解释,其中所教之内容多为史书;

而教的目的是使受教育者获得综合教养。这些话，虽是在贵族圈子里说的，但道理上应有相通之处。

历史学是一种义务，这是我们很少说到的又一个理念。为什么历史学是一种"义务"？我想，因为历史学对社会进步和社会发展承担着某种责任。当然，这种责任最终还是通过具有历史知识的人来实现的。诚如李大钊所感受、所论述的那样："吾人浏览史乘，读到英雄豪杰为国为民族舍身效命以为牺牲的地方，亦能认识出来这一班所谓英雄所谓豪杰的人物，并非与常人有何殊异，只是他们感觉到这社会的要求敏锐些，想要满足这社会的要求的情绪热烈些，所以挺身而起为社会献身，在历史上留下可歌可泣的悲剧。我们后世读史者不觉对之感奋兴起，自然而然的发生一种敬仰心，引起'有为者亦若是'的情绪，愿为社会先驱的决心亦于是乎油然而起了。这是由史学的研究引出来的'舜人亦人'感奋兴起的情绪。"（李守常《史学论》第六章）所谓"有为者亦若是"的理念和激情，可以说是集中反映出历史学所蕴含的人们的社会责任。从这个意义上讲，国人对历史的认识和理解，无疑就是一种责任。反之，轻视历史、无视历史、数典忘祖等等，都是对社会、对国家缺乏义务感和责任心的表现。可见学习历史之重要，莫此为甚。

历史学与道德的关系，这好像是一个伦理学方面的问题，其实这是一个古老的人生哲理。《易·大畜》有言："君子以多识前言往行，以畜其德。"注家解释"前言往行"为前贤的"嘉言懿行"。我们可以理解为这是说的历史，也可以理解为这是指的历史记载，不论怎样理解，都是说人们的道德培养同历史学有直接的关系。唐代史学家刘知幾进一步解释这种关系的原因。他认为，中国具有"史官不绝，竹帛长存"的优良传统，因此后人可以通过阅读史书而了解前人的言论和行动，从而产生了"见贤而思齐，见不肖而内自省"（《史通·史官建置》）的自觉要求，于是历史或历史学就在这种潜移默化中促进了人们的道德自觉，提高了人们的道德意识和道德水平。

记得中国古代史学的伟大奠基者司马迁在《史记》中反复说过：记述黄帝以来至其当世的历史，是为了"稽其成败兴坏之理"；又说："述往事，思来者。"而他对于记述历史人物也有明确的目标和标准，即"扶义俶傥，不令己失时，立功名于天下"（《史记·太史公自序》）。综观太史公所言，却也暗含着历史是知识、是修养、是义务、也是道德的思想。

钟老作为杰出的民俗学家，他对于历史和历史学有如此全面的认识和深刻的理解，不仅是广大的民俗学研究者应当认真领会的，也是我们史学工作者要认真领会的。治学，贵在博而返约，然博而能通则尤贵矣。读了钟老《中国民俗史·总序》，深感在博与约、博与通这两个方面，他都为我们树立了榜样。

（原载《中国图书评论》2008年第10期）

不会忘却的纪念
——写在赵光贤先生百年诞辰之际

一

1962年，我在北京师范大学读本科三年级时，赵光贤先生为我们开设了选修课"先秦史"。我是1959年考入北京师范大学历史系的，正赶上学制改革，由四年制改为五年制。系主任白寿彝先生、副系主任何兹全先生，动员全系有资历的教师为我们年级开设选修课。当选修课程目录公布后，同学们根据自己的兴趣，纷纷选择有关课程（记得只要有五个以上的同学选修，就可以开课）。我对中国古代史有兴趣，就选择了赵先生的"先秦史"。这也是我认识赵先生的开始。

记得赵先生讲了十个左右的专题，其中有些内容就是他在"文革"后出版的《周代社会辨析》（人民出版社，1980年）一书中所讲到的。"文革"中没有失去，真是先生的幸运。

赵先生讲课，时时要涉及考证。在当时的历史条件下，考证是不受重视的。也可能是同学们不习惯于老师在课堂上讲考证的意见传到赵先生那里，所以有一次赵先生在课堂作解释，说过去有人为了说明"春王正月"四个字，就讲了上万言，我讲了一点点考证，不足为怪，希望同学们能够了解这些情况。听了赵先生的这番话，多数同学也就不再有这方面的议论了。

赵先生在学术观点上，有自己的独立见解，反映出一种执着的精神。他在中国古代史分期问题上，不赞成郭沫若先生的观点，讲课中时时提出与郭说不同的说法。这给同学们留下很深的印象。

二

1963年，我们到了四年级，系里要求每个同学都要撰写学年论文，一年时间，在不停课的情况下逐步写成。同选修课一样，担任学年论文指导的老师们公布了一批选题，由同学们自由选择。我考虑再三，选了"春秋时期各族关系"这个题目。这个题目也是由赵光贤先生命题并由他作指导的。记得开始有好几位同学选了这个题目，但后来大多又重选了其他题目。我因对这个题目有兴趣，也就坚持下来。

春秋时期各族关系很复杂，当时又没有这方面的研究论文可供参考，蒙文通先生的《周秦少数民族研究》和马长寿先生的《北狄与匈奴》等书就成了主要参考书。在赵先生指导下，我从图书馆借阅了顾栋高的《春秋大事表》，主要研读了其中的《四裔表》，逐步清理出一点头绪。在征得赵先生同意后，我计划按照中原诸华、诸夏分别与北方狄族的关系，与东方夷族的关系，与南方蛮族的关系，与西方戎族的关系，逐步展开撰写。经过一年的努力，我只写出了诸华、诸夏与北狄的关系，并以此作为四年级的学年论文，交了卷。赵先生建议我在五年级写毕业论文时，把其余几个部分也写出来。当时，我自己也有这个想法。就这样，我在赵先生指导下，写出了一篇三万字的大学毕业论文《论春秋时期各族的融合》。

在撰写这篇论文的过程中，接触到许多材料，其中关于民族间的冲突、战争、会盟、通婚等等。为什么我把论文的重点放在"融合"上面呢？这是受到了郭沫若主编的

《中国史稿》第一册的影响。《史稿》只写了一段文字，指出了这时期民族关系走向融合的趋势，这对我启发很大。同时，我也根据恩格斯提出的论点：在早期的各民族关系中，冲突和战争就是交往的一种形式，就是各族间产生联系的表现。循着这样的思路，我把重点放在"融合"上面。

在撰写过程中，赵先生指导我读书，除上面提到的《春秋大事表》外，还要读江永的《春秋地理考实》、郭沫若的《两周金文辞大系》等。回想起来，读本科时，多接触一些基本文献，是非常重要的。我交给赵先生的论文初稿，是用毛笔竖行写在毛边纸上装订成册的"稿本"。赵先生退给我时，也是用毛笔作了批语，而且是"朱批"，就像我读中学时，语文老师用毛笔蘸着红墨水批改作文那样。凡是我提到的有关证据不全面的地方，赵先生都批到："参阅《左传》某年某事"，指示得很具体。当我读到这些批语时，心情非常激动！今天回忆起来，仍有当年的那种感觉。后来，我听别的老师说，在白寿彝先生主持的总结学生毕业论文撰写情况的会议上，白先生还提到了这篇文章。事后，赵先生建议我把论文抄写一份寄给吕振羽先生或当时任国家民族事务委员会主任的汪锋同志，以便得到他们的进一步指点，但我没有那样的勇气，也就放下了。"文革"中，我始终保存着这篇论文的初稿，因为它浸透了自己两年的心血，也包含着赵先生的许多教诲，总觉得应当加以珍惜。1972年，我到农村走"五七道路"，白天劳动，晚上在生产大队保管员办公室独自整理这篇论文。当时是在内蒙古工作，对民族关系有些新的理解，更加感到这篇论文的学术意义和现实意义。这或许就是对现实的理解更加深了对历史的理解吧。"文革"结束后，1980年我将此文寄给《学习与探索》杂志，1981年在该刊发表。不久，我回到母校工作。当我将这本杂志送给赵先生时，我说了一句话："赵先生，这是您十八年前指导我写的大学毕业论文！"赵先生翻阅着杂志，连声说："好！好！"

现在人们常说的一句话是："结果并不重要，重要的是过程。"联想到这篇论文从撰写到发表，经历了十八年，它虽不是一篇"大作"，却也是自己读大学本科的一个"足迹"，时间的流逝并没有使这"足迹"模糊，反而显得更加清晰了。每念及此，总是会想到赵先生的指导、"朱批"和后来的建议。尤其重要的是，当我回眸自己的学术、人生之路时，有一点是我感到十分庆幸的：一是大学毕业论文写的是民族关系，二是我工作了十三个年头的内蒙古是民族地区，三是白寿彝先生在理论上、学术上都十分重视民族关系和统一多民族国家的历史与现实。因为有了这几个因素的影响，使我对民族关系和统一多民族国家的历史和现实也有了比较深刻的认识，这一认识对自己的思想和学术都是很重要的。从这个意义上说，"过程"是重要的，"结果"也是很重要的。

三

1978年，吉林省社会科学院主办的《社会科学战线》创刊。当时，我还在吉林省通辽师范学院工作，很荣幸地成为这个新生学术刊物的编委。我受编辑部委托，向赵先生约稿。赵先生高兴地同意撰稿，这就是他后来写成的长达四万字的《左传编撰考》（参见赵光贤《古史考辨》，北京师范大学出版社，1987年）。尽管赵先生这篇大作因故未能在《社会科学战线》刊出，但赵先生欣然答应了我的约稿请求，对我确是很大的鼓励和支持。

1985年，当时在中华书局负责《文史知识》编辑、出版的杨牧之先生，建议我约请同行撰写中国史学家小传，可分别在《文史知识》发表，同时编纂成书。这就是1986年由中华书局出版的"文史知识文库"的一种:《中华人物志·史学家小传》,后来台湾出版了繁体字本,分为上下两册。

当时,我已经回到北京师范大学史学研究所工作。对于杨牧之先生的建议和委托,我是认真对待的。我列出了六十位史学家的名单,第一位是孔子。我的想法是,作为小传的开篇,应请一位有学术影响的学者执笔。于是我想到了赵先生。我说明来意后,赵先生有些犹豫,原因是关于孔子修《春秋》的事,学术界存在不同看法。赵先生的观点是:孔子的《春秋》基本上是以鲁史为底本,但也有所笔削。在我再三请求下,最终赵先生同意写一篇作为史学家的孔子小传。这就是《中华人物志·史学家小传》(中华书局,1986年)上的《孔子——我国最早的历史编纂学家》。这使我非常兴奋,一则是《史学家小传》开篇有名家执笔,定会为这本小书增色;再则是孔子作为史学家出现,这就把中国史学上有生平可考的史学家的生活时代提前了几百年,这对于中国史学史来说是一件非常重要的事情。赵先生写得很通俗,深入浅出,但却反映了他对孔子和《春秋》的许多独到见解,是一篇富有学术含量的孔子"小传"。至今,我每想起此事,总是感激赵先生理解学生的这种心情。

四

1988年5月，我受《史学史研究》编辑部的委托，对赵先生作了两个上午的访谈。在长谈的过程中，赵先生兴致很高，话题广泛。访谈后，我写了一篇访谈录，刊登在《史学史研究》1988年第4期，题为《治史贵有心得——访赵光贤教授》。后来赵先生出版《亡尤室文存》，收录了这次访谈的录音整理稿，题为《瞿林东教授来访的谈话记录》。重读这篇访谈记录，使我感受到赵先生思想上的那种充满朝气的学术活力。事情是这样的：在这次访谈即将

作者与赵光贤先生交谈

结束的时候，我提出了一个当时史学界十分关注的问题：史学方法问题。我的意见是：不要一提到方法，就是西方史学的某种方法，也不应当认为中国只有考据的方法，对他人，对自己，都要看得全面一些。赵先生没有正面回答我的问题，而是从更高的层次上谈到他对"史学方法"的见解。

他说：我的看法是这样的，现在有一个说法，就是用哲学来讲历史，说是历史要讲本体论、认识论、方法论。我觉得用哲学来讲历史有问题。你说历史的本体论，那么历史的本体是什么东西？写这个文章的，我就没有看出他说清楚了这个问题。你说宇宙的本体，那可以，不管你是唯心的说法，唯物的说法，总有个说法，历史则不行。认识论这有什么可说的呢？怎么认识历史，每个人有不同的方法，但这只是看法的不同，不是论的不同。方法，大家有各种各样的方法，古的、今的都可以用，我觉得只要是能用的都可以用，但是我不赞成一定要用论，这个论就是哲学的。我认为我们可以搞历史科学，不要搞历史哲学。什么是哲学呢？它是讲宇宙也好，人生也好，讲它的最深处有一个道理，能够解释所有的现象。老子讲"道"，"道"就是最高的东西，这个东西很抽象，你可以有各种各样的解释。黑格尔讲"绝对精神",这个东西非常抽象。我的想法也不够成熟,提出来大家可以研究。我的意思是不搞历史哲学,我们要搞历史科学。这是我的想法,这些想法对不对,大家来讨论。像"模糊史学",是从模糊数学来的,我就不明白史学为什么要让它"模糊"?比如武王伐纣的年代搞不清楚,好像是模糊的,搞不清楚只好不写吧,但是我们搞历史的就安于"模糊"?那不是写得稀里糊涂?

重读这些谈话,再次使我受到启发:当时已是78岁高龄的赵先生,在学术上仍保持着一种敏感,保持着一种学术朝气,一种执着追求的精神,并且敢于发表自己的见解。我想,这就是章学诚说的"史德"在赵先生身上的一种反映吧。

*   *   *

今年是赵先生百年诞辰,我写了这几件事情,以表示我对赵先生的缅怀之情。其实,在我心中,这些事情都是不会忘却的纪念。

(原载《文史知识》2010年第10期)

恭贺何兹全先生百岁华诞

享誉海内外的历史学家何兹全先生，出生于1911年，按照中国的传统风俗，北京师范大学历史学院最近将举办祝贺何兹全教授百岁华诞暨八卷本《中国中古社会和政治》书系首发庆典。

古语云："高山仰止，景行行止。"(《诗经·小雅·车辖》)古人用这两句话表达对"圣王"的敬仰之意。太史公司马迁在《史记·孔子世家》中曾引用此语并进而引申说："虽不能至，然心向往之。"表明他对孔子的景仰之情。今天，我们要援引这两句古诗，用以表达数以千计的几代学子对老师的敬仰之心、祝福之情！我们要援引这两句古诗，用以表达对辛勤耕耘在历史学这个古老而又生机盎然、有益于国家和人民的园地里的耕耘者的崇高敬意，我们也是"虽不能至，然心向往之"！

作者与何兹全先生合影

　　人生百年，足行万里，弟子以千数，此时此刻，我们还要用什么来表达对一位桃李满天下的老师的祝贺，对一位著作等身、成就斐然的历史学家的祝贺？当然，用鲜花，用掌声，用笑脸，用许许多多的问候。然而，更重要的，是我们要想到践行老师的道德文章、治学宗旨和一个历史学家的社会责任与时代使命。

　　辩证唯物史观使人聪明。这是何兹全先生对自己数十年治学道路、治学经验、治学思想的总结。他在1997年为《爱国一书生》所作的《自序》中这样写道："平心而论，我是个中庸之资。和我的同代同行来比，我的天分是差人一头的。今天使我也能稍有成就作为他们同列中的一员，只是我稍多读了几部马克思主义辩证法唯物史观的书而已。辩证法使我好思考，也才聪明了一点。"（《何兹全文集》第六卷，中华书局，2006年，第266页。以下均称《文集》）正是这几句朴素、平实的语言，表达出了这位历史学家的心声，也反映了历史研究中的一个"秘诀"、一个真理。

何兹全先生青年时代接受了马克思主义，他重视社会经济的研究，并由此迈入历史学殿堂。他研究社会史，重视社会经济形态的演变以及这种演变的多种途径。这在他的一篇文章《我在史学理论方面提出过的一些问题——离开母校母系（北大史学系）六十年的一点学术汇报》（《文集》第六卷）中有扼要的阐述；而在他的《中国社会史论》（《文集》第一卷）和《中国古代社会》（《文集》第三卷）二书中，则有详尽的论证。从中，我们或许可以悟出，何兹全先生说辩证唯物史观使他"聪明"的"秘诀"所在。

"择善而固执之，不以所已藏，害所将受。"这是何兹全先生为学为人的宗旨。扩而大之，这是一个学人如何对待自己已经取得的成就和是否还要继续努力耕耘的问题，也是一个学人如何在学术的群体、学术的海洋中摆正自身位置，从容而处的问题。何先生以此语作为座右铭，对我们这些晚辈、后学具有深刻的启示和教育的意义。

2001年，何兹全先生在《九十自我学术评述》一文中自谦地写道："20世纪30年代初学写文章，到现在已近七十年。回头看看自己的成就，虽然自己也曾有时'骄傲'有时'委屈'过，但基本上大多时间还是虚心、甚或心虚的。客观、公平地评估自己的一生，有五字可用：'贫乏''不浅薄'。我生的时代，是世界、中国千载不遇的大变动的时代，也是一个大浪淘沙的时代。时间都浪费掉了！我是'幸运'的，也是'悲剧'的。"（《文集》第六卷，第3315页）何先生对自己所处时代的概括，是中肯的，而他对自己"近七十年"的遭际和学术生涯的概括，读来令人深思。如说"大多时间还是虚心、甚至心虚"，这不就是"不以所已藏，害所将受"吗？他不轻易改变自己的学术观点，并努力探求新知用以充实它们，这不就是"择善而固执之"吗？正因为有这种思想境界，何先生年逾九秩，还笔耕不辍，不断书写出理性与激情相融合的华章。当何先生百岁华诞之际，学生们也要用五个字来"评估"自己的老师，那就是："丰富""也深刻"。我们还要在何先生自己总结的基础上补充一句话：您是"幸运"的，也曾是"悲剧"的，但终究您还是"幸运"的！

何兹全先生对自己老师的敬重和真情，在史学界以至在整个学术界堪称楷模。其所以如此，因为他的这种敬重和真情，不止是表现在生活中、礼仪中，更表现在学术中。十年前，当河北教育出版社编辑、出版"20世纪中国史学名著"时，便想到请何先生出面推荐一部傅斯年先生的著作列入"名著"系列。当何先生明白了编者意图时，他说的第一句话就是："这是关于我老师的事情，我愿意做！"这句话，深深地感动了参与其事的年轻学子。经过何先生的反复思索、考订、编辑，从书名的确定到内容的编次，年届九十的何先生全身心投入，可以说做得严谨有序、一丝不苟，这就是后来面世的傅斯年著《民族与古代中国史》一书（河北教育出版社，2001年）。从一定意义上说，何先生为此书付出的心血和智慧，集中地反映在他为此书所撰写的《前言》中。一方面，何先生高度评价这部"未完成的中国古代史专著"，认为书中所收录的已发表的五篇论文，"篇篇都有精义，篇篇都有创见，篇篇都是有突破性、创始性的第一流的好文章"（《文集》第六卷，第3160页）。他对傅斯年的学识、学术事业也都给予很高的评价。另一方面，何先生对傅斯年提出的"近代的历史学只是史料学"的论点，作了冷静的分析和有理论深度的批评，他写道："主张史学即史料学、一分材料一分货的，主要是反对预先在脑子里有个理论或方法。这种反对是没有用的。从古以来，人人都有自己的思想，也就是他的理论。人在和客观实体的接触中都有反映，他对客观的反映，就是他从客观中取得的'理论'（意识）。这'理论'再回到他处理和客观实体的接触时，就成为他的'方法'。几千年来人类从和客观实体的接触及和人群自我的接触中，不断提高自己的认识，也就是不断提高自己的理论。人和人的接触中，人和社会的接触中，不可能没有自己的理论。反对研究历史先在脑子里有个方法和理论的人，其实自己也是先在脑子里已有他自己的方法和理论的，只是各人脑子里的方法和理论不同，有先进、落后，正确（或部分正确）、错误的区别而已。"（《文集》第六卷，第3179页）这一段分析、阐述，再一次显示出何先生在辩证唯物史观理论方面的修养和造诣，值得我们反复阅读和领会。

因为"批评"了老师，所以何先生在这篇《前言》的末尾处作了这样的表示："'吾爱吾师,吾尤爱真理'。吾师在天有灵,当仍会喜爱此顽愚学生的真诚真情,莞尔而笑,不会说我灭师灭祖,把我赶出师门的。"(《文集》第六卷,3180页)或许大家都还记得,当这篇《前言》先期在《历史研究》2000年第4期刊出后,一时间,海内外史学界赞声不绝,传为佳话。当然,傅先生"在天有灵",自当"莞尔而笑",夸奖何先生的这份"真诚真情"。

写到这里,我们可以自豪地说:何兹全先生是真正实践了北京师范大学校训"学为人师,行为世范"的导师和学者。

恭贺何先生百岁华诞,衷心祝愿何先生健康、长寿!

(原载《中国社会科学报》2010年9月9日)

史学家的河山之恋

——回忆史念海先生兼说白寿彝先生和史念海先生的学术友谊

　　史念海先生（1911—2001）作为新中国的著名历史地理学家，蜚声中外，其业绩已载入史册。他虽然离开了我们，但他的业绩却永远不会被人们忘记。

　　史先生一生勤奋治学，著作等身。他的丰硕的著作，对于专业以外的人来说，难以尽读；就是专业的学者，尽读其书，亦属不易。史先生重视书斋研究与实地考察的结合，年愈迈而志愈坚，这也是一般学者难以做到的。

　　我对于历史地理之学是个外行，但作为一个普通读者，我很关注这方面的研究。因为白寿彝先生的关系，我从上世纪80年代初便有幸认识了史先生。此后，近二十年中，我们见过几次面，还有一些书信往还和学术上的交往，史先生又每每以其新著相赠，这都使我受到很多教益。从一定的意义上说，史先生与我，也算是忘年之交了。

史先生的去世，我感到十分悲恸！其音容笑貌，难以忘怀，尤其是我们之间有过一些关于学术问题的交谈，记忆犹新。还有白先生同史先生之间的深厚的学术友情，也时时激起我的钦敬之感。因此，我写这篇短文，不论最终写得如何，我是把它视为学术生命中的一种责任来看待的。

一　《河山集》书名命名的深意

史先生的著作，大部分以《河山集》命名。首集是三联书店1963年出版的（1978年第2次印刷）。我手边还有二、三、五、六集，其中"六集"是山西人民出版社1997年出版的。据有关同志告诉我，"七集""八集"也已编成，只是我还没有见到，不知是否已经出版。

史先生在初集《后记》中提到这样一件事："这本集子的编成，承白寿彝教授的鼓励和代为命名"（史念海《河山集》，三联书店，1963年，第302页）。此后，史先生的论集，多以此名书，可见他对这个命名的珍惜。

初集出版时，我还在北京师范大学历史系本科读四年级，没有接触过此书。"文革"后，我到北京师范大学史学研究所工作，接触到这本书，才得知这个"掌故"。我认为这个命名非常好，既符合研究内容，更寓有深意。有一次，我同白先生交谈，就请教白先生，问他为什么要作这个命名。白先生说：中国历史地理，以研究中国的河山疆土以及它们的变化对社会历史发展的影响为对象，最后又落实到祖国的河山疆土和社会发展。我听了很是感动。史学家研究祖国的历史，包括祖国的历史地理，不仅仅是一门学问、一门科学，同时也是史学家对祖国的一种天职、一种挚爱。我至今都还时时在想："河山"二字，有多重分量？这是无法比拟、无法估量的。一个史学家把"河山"及其变迁作为研究对象，当有很深的功底和很大的气魄。一个史学家能自觉地意识到其中的分量和价值，并鲜明地把它概括出来，可以说是理性的升华与情感的升华交织到一起，成为优秀史学家所特有的一种精神境界。白、史二位先生，真可谓人生中的挚友，学术上的知己。

这里，我以为有必要进一步说明，白先生把史先生的论集命名为《河山集》，是有深刻的学术思想渊源和爱国主义精神基础的。1937年，28岁的白寿彝先生著成《中国交通史》一书，认为在"国难严重到了极点"的年代，凡影响到中国交通发展的"这种关系国家兴亡的大事是最需要政府和人民拼命去作的"（白寿彝《中国交通史》，河南人民出版社，1987年，第211页）。我们知道，论中国交通，是离不开中国河山疆土的。1951年，白先生撰《论历史上的祖国国土问题的处理》一文，从历史和现实的结合上，阐明了"我们的本国史学习可能提高一步"的重大问题（白寿彝《学步集》，三联书店，1962年，第1～4页），即从根本上阐明了中国史研究的范围问题。这也关系到中国的河山疆土。1980年，白先生主编的《中国通史纲要》出版，他在《叙论》中，以"九百六十万平方公里"开篇，可以说是直接从中国的河山疆土讲起（白寿彝主编《中国通史纲要》，上海人民出版社，1980年，第1～6页）。1989年，白先生主编的《中国通史》第一卷（即导论卷）出版，这书的第二章，专论"历史发展的地理条件"，而落脚到论述"中国地理条件的特点及其与中国历史发展的关系"（白寿彝主编《中国通史》第1卷（导论），上海人民出版社，1989年，第99～154页），这是从较深刻的意义上讨论了中国的河山疆土和社会历史发展问题。

由此可见，白先生治学的研究对象，虽与史先生有所不同，不是以"河山"为主，但他对祖国河山的挚爱之情，

作者参加史念海先生百年诞辰纪念会（陕西师范大学，2012年）

是始终不渝的，这在他的学术生涯中有突出的反映。

今天看来，白先生把史先生的论集命名为《河山集》，而且成为一个系列的传世之作的名称，可谓中国现代学术史上的一件极有意义的事情。

二　《中国通史》隋唐史卷和历史地理学史

20世纪80年代，白先生统筹全局，主编多卷本《中国通史》。他请史先生主持隋唐史卷的编撰工作。史先生欣然同意。尽管史先生的科研任务很多、很重，但他总是对我说：白先生的事情，我都是放在第一位的。20世纪80年代末和90年代初，我曾经两次登门拜访史先生。他当时承担的重大项目很多，如全国农业地理、陕西通史、西安历史地图集等等。在这种情况下，他说把《中国通史》隋唐史卷的撰写放在第一位，可见他对此事的重视，也表明他对白先生的友情和敬重。

白先生和史先生是互相敬重的挚友。为了同史先生共商多卷本《中国通史》编撰大计，并讨论组织隋唐史卷的编撰工作，白先生在1983年4月到陕西师范大学拜访史先生。两位挚友的这次会晤，奠定了《中国通史》隋唐史卷的基础。其后，又得到了辽宁大学陈光崇教授的大力支持。白先生的此次西安之行，还应邀在陕西师范大学作了一次重要的演讲。他演讲的题目是《关于建设有中国民族特点的马克思主义史学的几个问题》。在这个题目之下，白先生讲了六个问题：关于历史资料的重新估价，史学遗产的重要性，对外国史学的借鉴，历史教育的重大意义，历史理论和历史现实，史学队伍的智力结构问题（白寿彝《白寿彝史学论集》（上），北京师范大学出版社，1994年，第307－321页）。在改革开放之初，在学术界、理论界拨乱反正的时候，白先生的这些问题的提出和深入的分析，充分地反映出他在中国史学发展问题上的卓识。这篇演讲距今将近二十年了，今天读来，仍有新鲜的活力和具体的指导意义。

多卷本《中国通史》隋唐史卷的编撰，是史先生对白先生所主持的这一浩大工程的有力支持。当我阅读多卷本《中国通史》隋唐史卷的时候，想起这些往事，心情还是十分激动。

同样，白先生也十分关注史先生的研究领域和发展前景。1988年12月，念海先生以修订本《中国的运河》赠我。我曾写信给他，表示致谢和认真研读。其他内容，我已记不清了。同年12月21日，念海先生复信给我。这封简短的信，在我看来涉及比较重要的学术信息，兹照录如下：

林东同志史席：

十二月七日惠书敬悉。

拙著多承奖掖，汗颜奚似！此后仍当努力，以期不负厚望。

寿彝先生八旬华诞在即，撰文祝寿，不敢延缓。

寿彝先生多年来期望海（按：此为念海先生谦称——引者）能于历史地理学史方面从事写作，一再因循，迄今未能应命。今试撰一篇以《唐代的地理学和历史地理学》为题的文章，虽去历史地理学史尚远，亦聊以塞责。谨随函奉上，祝寿彝先生大寿。

　　耑此，顺颂

著安

念海拜上

十二月二十一日

这封信，透露出两个重要学术信息。其一，史先生的大文《唐代的地理学和历史地理学》，是为向白先生祝寿而作。此文刊于《史学史研究》1989年第2期"祝贺白寿彝先生八十华诞专栏"。其二，是"寿彝先生多年来期望海能于历史地理学史方面从事写作"这句话，它表明白、史二位先生在学术研讨上的彼此关心和互相激励的至深至爱之情。史先生非常谦虚，也非常珍惜友人的建议，说他"一再因循，迄今未能应命"。其实，他在撰写《唐代的地理学和历史地理学》这篇长文之前，已于1986年以前撰成了一篇总论性质的鸿文《中国历史地理学的渊源和发展》，刊登于《史学史研究》1986年第1期。此后，便有一发而不可收之势。史先生又分别撰写了《班固对于历史地理学的创建性贡献》《王静安对于历史地理学的贡献》《论王静安研治历史地理学的方法》，以及《胡滨〈胐明学案〉》《阎若璩〈潜邱学案〉》中有关地学思想和地理学说等。这些力作，后来史先生都收到《河山集·六集》（山西人民出版社，1997年）一书之中。在这书的自序中，我们可以更清晰地看到史先生此前十年给笔者信中所说那番话的深意。这篇序文，不仅关系到史先生和白先生的学术交往，更涉及一个学科发展的历史，我认为有必要多作一些转述。史先生在自序中写道：

> 中国历史地理学是一门既古老而又年轻的学科。这是说它经历了由沿革地理学到历史地理学的转变而后定型的。应该说沿革地理学也是历史地理学的组成部分，不过在悠久的时期里却只限于沿革地理这一较为狭小的范畴，以点代面，说不上就是历史地理学。这样的转变是近几十年才形成的。它肇始于三十年代的中期，是在禹贡学会成立之后，才正式提出中国历史地理学这样的名称的。其后经过许多同志的努力倡导，大致

到了五十年代，才逐渐得到定型。这固然是由于同志们的不懈钻研，也是时代使然。

……

中国历史地理学能够在这个时期有这样的转变应该是有一定的条件的。我在《中国历史地理学的渊源和发展》的论文中，概括这样的条件共有四项：其一是有沿革地理学这样悠久形成的基础；其二是在行将建国之时，沿革地理学已经逐渐"地理化"，使它有新的转变的可能；其三是建国以来，社会主义建设事业的需要，推动着它的发展；而最重要的则是有了马克思主义的理论指导，这一点也应是中国历史地理学具有的特色。

说起这篇论文的撰写，这是由于白寿彝同志的倡议和催促才完成的。寿彝同志也认为中国历史地理学这样的转变和发展是不寻常的，其中的曲折历程有必要加以说明和记述。由于他的不时催促，我就难得一再拖延。撰写成篇后，当然应请他先过目。大概是得到了他的赞许，就率先发表在他所主编的《史学史研究》上。《中国历史地理论丛》第三辑所印行的，是以后的转载。

这篇论文应该说是和中国历史地理学的发展史有关。中国历史地理学既然有悠久的渊源，也有它的发展曲折过程，是应该有它自己的发展的记载的。我在这方面作的工作是很少的。就是这篇论文，如上所说，也是应寿彝同志之命而作的。正是由于同志们的嘱托和督促，才使我在这方面稍稍尽些微力。（史念海《河山集·六集》自序，山西人民出版社，1997年，第4～5页）

从上面史先生的这些话中，我们自然会产生这样的认识：一个学科的创建是何等的艰难，它需要许多学者的历史积累，需要创建者本人多年的深思熟虑；同时，也需要学术知己之间的激励和推动。

这里，我不禁想起白寿彝先生在他所著《中国史学史》第一册的《叙篇》里写到的有关的人和事，他称之为"师友之益"。他提到早年的家庭教师吕先生和凌素莹先生，提到就读燕京大学国学研究所时期的陈垣先生、张星烺先生、郭绍虞先生、冯友兰先生、许地山先生、顾颉刚先生、容庚先生、黄子通先生等，又特别提到楚图南先生和侯外庐先生。这些先生，在他的不同发展阶段上，都给予他种种教益和帮助。正因为如此，白先生十分感慨地写道：治学，除了"主观努力外，师友的帮助和教导有很重要的作用"。对此，他作了这样的总结：

古语云："独学而无友，则孤陋而寡闻"；"与君一席话，胜读十年书"。我回忆多年以来师友之益，深感这两句话的深刻。如果我在学术上能提出一点新的东西，这同师友的帮助和教益是分不开的。（白寿彝《中国史学史》第1册，第187~188、192页）

今读史先生《河山集·六集》自序，其意亦如此。老一辈学人的这种虚怀若谷、把师友之益与学术上的创见看得如此重要的学风和境界，在今天显得多么珍贵，多么发人深省！

三　探究历史和关注现实

历史学的目的，不仅在于探究历史真相，还在于以这种探究的结果寄寓着对于现实的关注。换言之，史学家研究过往的历史运动，是为了参与和促进当前的历史运动。

史先生治中国历史地理之学，其研究对象、研究旨趣、研究方法，都鲜明地显示出历史学的这一崇高的宗旨和他本人的治学风格。

白寿彝先生在1980年为《河山集·二集》作序时，从中国古代的史学家司马迁，讲到西方近代的哲学家黑格尔，认为他们都很重视地理条件的差异与历史发展的关系。他进而认为，"马克思重视自然条件在社会生产中的作用"，并对此作了简明扼要的分析。在此基础上，白先生高度评价了史先生的治学宗旨和治学方法，他写道：

> 念海同志治历史地理之学，快有半个世纪了，早已成绩硕实，卓然名家。他这本书是在十年浩劫之后，在繁忙的社会活动和校务工作之余取得的新的成果。他在原来务求坚实的学风的基础上，于利用历史文献之外，进行了大量的野外考察，订正了文献上的讹误，补充了文献上的疏漏，探索了历史上自然环境的变化及其影响，并认为"应该使这些变化和影响成为当前利用自然和改造自然的根据"。他在书中，详细地论述了黄河中游的侵蚀、侧蚀、下切，黄河下游的堆积，由于黄河变迁所引起的陵、原、川、谷的变化和城乡的兴废，以及

森林分布的状况跟黄河变迁的关系，并且还探讨了今后治河的方略。念海认为，不弄清地理环境，就不好讲社会经济。我认为，这个看法是正确的。当然，这需要付出艰巨的劳动。对于作为一门科学的历史地理，我是一个外行。但我阅读了这书排印小样的自序，就一下子被吸引住了。这本书实际上是按照上述马克思的论点进行工作的，它为历史研究工作和历史地理学踩出了一条路子，这是应当特别重视的。（《河山集·二集》序，三联书店，1981年，第4～5页）

这些评论，是从普遍的意义上论证了史先生研究历史地理之学的合乎逻辑的理性精神，同时也评价了史先生研究历史地理之学的独特风格与社会意义。毫无疑问，这些话完全可以用来概括《河山集》各集的共同特点。

这里，我想提到史先生的另外两本著作，即《黄土高原森林与草原的变迁》（1985年）和《中国的运河》（1988年）。前者，是当时的陕西省委书记马文瑞同志建议史先生撰写的。马文瑞同志是根据胡耀邦同志于1983年夏秋之交考察陕西工作时的讲话精神所受启发提出这个建议的。胡耀邦同志的讲话,十分强调搞四个现代化,要研究、了解生态环境,北方地区尤其要重视这个问题。史先生欣然接受这个建议,和他的助手写出了这本科学性和通俗性相结合的著作。作者根据历史事实并有针对性地论述了以下一些问题:黄土高原自然地理特征,早期的农林牧交织地区,农牧地区界限的推移,黄土高原森林地区的缩小和破坏,生态平衡的变化及其影响,种草种树与黄土高原的改造等。作者指出本书的主旨是"将黄土高原的森林和草原地区的变化,以及农林牧业的分布历史,缕列论述,以期有助于当前种草种树、改造黄土高原的伟大创举。"(《黄土高原森林与草原的变迁》前言,陕西人民出版社,1985年,第5页)尤其难能可贵的是,早在十七八年前,本书作者已经明确地提出在黄土高原"必须退农还林,退农还牧"的建议(《黄土高原森林与草原的变迁》,第3~4页),足见作者的卓识和强烈的社会责任感。正因为如此,马文瑞同志在为本书所写的序言中说:

对于奋战在农业战线的各级领导干部来说,对于奋战在黄土高原地区的广大干部群众来说,读读史念海教授主编的这本书是有很大裨益的。学习历史，更好地认识历史，我们就可以借鉴历史经验，正确地指导农业生产，自觉地开展种草种树活动，绿化祖国河山，建树社会主义现代化建设的千秋功业。（《黄土高原森林与草原的变迁》，第3页）

这些话，从一个方面有力地反映了史先生治历史地理之学的意义和价值。

现在，我们再来看后一本书《中国的运河》。此书原本是20世纪30年代史先生青年时代的著作，80年代经作者重新修订，于1988年面世。全书面貌已大为改观，形同新著。在本书的序言中，史先生对历史地理学的对象和性质作了这样的概括：

地理现象是经常在变迁着，这样的变迁对于人的从事生产及其他活动必然会发生相应的影响。人是能够利用自然和改造自然的。这样的利用和改造又会反过来影响自然，促成地理现象的新的变迁。这样互为影响，永无休止，其间具有各种相应的规律。历史地理学正是要探求这样的变迁、影响及其有关的规律，使人能够

更多更好地利用自然和改造自然。（史念海《中国的运河》序，陕西人民出版社，1988年，第2页）

作者的这一认识，闪耀着马克思主义辩证唯物主义和历史唯物主义的光彩。正如作者自己所回顾、反思的那样，在新中国成立前，人们还没有达到这样的认识水平，这是在新中国成立后才有可能达到的学术思想境界。当然，这除了研究水平的提高外，学习马克思主义理论并以其指导研究工作，是一个重要的原因。从作者学术思想发展的历程来看，可以得到这样的启示：唯物史观在帮助人们科学地认识社会和自然及其相互关系方面，确有不可替代的作用。

因为有了上述这样的认识，作者符合逻辑地进一步指出：

我逐渐体会到像历史地理学这样一门学科不仅应该为世所用，而且还应该争取能够应用到更多的方面。一门学科如果不能为世所用，那它是否能够长期存在下去，就成了问题了。历史上曾经有过若干绝学，最后终于泯灭无闻。沦为绝学自各有其因素，不能为世所用可

能是其中一个重要原因。（史念海《中国的运河》序，
第3页）

这几句话，平实易懂，但却字字千钧，反映了作者治历史
地理学的根本旨趣，以及他对于这门学科的社会历史使
命的追求。这一旨趣和追求，在《黄土高原森林和草原的
变迁》中，在《中国的运河》中，在《河山集》各集和史先
生的其他论著中，是一以贯之的基本思想，而在20世纪
80年代中期以后，更显示出理论的深度和实践的特色。

　　《中国的运河》共八章：远古时期自然水道的利用，
先秦时期运河的开凿及其影响，秦汉时期对于漕运网的
整理，东汉以后漕运的破坏与补缀，隋代运河的开凿及其
影响，政治中心地的东移及运河的阻塞，大运河的开凿及
其废弛，大运河的残破及恢复。1989年，我拜读了《中国
的运河》，深深地为作者渊博的学识、高远的旨趣、丰富
的感情所吸引、所震撼。因此，我为《中国的运河》写了一
篇文字较长的评论，题为《运河：历史的价值和现实的意
义——评史念海教授著〈中国的运河〉》（见《人文杂志》
1989年第5期），就我的学习、研读所得，提出几点认识。
我认为，这书的一个显著特点是，它详细地考察了历史上

运河的变迁,同时也广泛地考察了运河沿岸的历史变迁,我把这概括为"历史上的运河和运河上的历史"。这书的另一个显著特点是,阐明了运河在历史上的价值,也说明了它在现今的存在意义,我把这些论述概括为"历史的品格和现实的品格"。换言之,作者写运河,不仅写出了它的古今变迁,而且也写出了与其相关的经济社会的历史面貌,读来令人兴味盎然,浮想联翩。作者对于历史的理解,对于文献的利用,对于实地考察的重视,以及三者的有机结合,在书中反映得十分突出。尤其是作者在本书序言中讲到他修订此书的思想动力时写的一段话,犹如抒情的散文,揭示出史家那种独特的、厚重的河山之恋。作者是这样说的:

> 建国以后,我能够有一些机缘看到前代运河的遗迹和京杭运河得到整治后的现况,使我感到鼓舞。我曾在山东定陶和巨野之间考察菏水原来流经的地区,在河南淇县和浚县访问曹操为修凿白沟而堵塞淇水入白沟的枋头,也曾在关中平原探索汉唐漕渠的故道,在河南、安徽一些县市访求隋唐运河的遗迹,在洛阳市区欣赏唐代含嘉仓的规模,在开封城中寻觅张择端《清

明上河图》所描绘的汴河桥梁的旧址，在通州市外了解通惠河和潞河会合的水口。每到一处，都可以想见前代劳动人民卓越的成就。我也曾辗转往来于太湖周围各处，在江苏高淳东坝考察了传说是伍子胥所开的渠道，在杭州市南寻求江南运河与钱塘江交会的地方。我还曾循嘉兴附近的运河，达到苏州的葑门，看到运河中的船只交错往来，略无阻碍；片片白帆高擎船上，络绎不绝，极目远望，了不见端倪。我还曾畅游江淮之间，得见高邮以南已经展宽的运河新姿，循河上下，碧水长天不见涯际；由汽轮拖带的长队木船，先后逶迤，破浪前进，宛如渡海蛟龙，迅即远去，不可复睹。由此，我深深感到，正是在社会主义社会，运河才能发挥出更大的作用，于是，更增加了修订这本拙著的勇气。（史念海《中国的运河》序，第4～5页）

我想，读到这一段文字的读者，都会为之动容。这也给我们一个启示：史家的见识和胆略，既来自书本，更来自实践。

这里，我要顺便提起一件小事。那是上世纪90年代初，我去拜访史先生。在交谈之中，我冒昧地向史先生提出建议：希望他在《文史知识》上开辟专栏，撰写通俗性的历史地理方面的连载文章。我向史先生诚恳地说明了当时的想法：第一，我们国家的各级领导干部，为政一方，要把事情办好，应当有一点历史地理的常识；同时，这也是历史地理之学走向广泛的经世致用之途的一个重要方面。第二，我是《文史知识》的编委，也希望有史先生这样的大手笔来写"小文章"，以增强《文史知识》的社会影响。史先生十分重视我的建议。我清楚地记得，他拿出一个笔记本，同我讨论一些细节问题，包括撰写一些什么内容，需要多大的篇幅，将来如何结集出版，如何向社会宣传历史地理知识的重要性等，谈得十分融洽，使我受到很大的鼓舞。后来终因史先生学术任务繁重，这一计划未能实现，但由此仍可见这位学者对普及工作的重视，对现实的关注。

四　《黄河颂》和史学家的赤子之心

1989年5月，史先生为山西平陆县举办黄河书画展撰写了一篇历史散文，题为《黄河颂》。其时《河殇》流传，媒体渲染，纷纷扰扰。这一年的夏秋之交，我到陕西师范大学开会，听说史先生撰有《黄河颂》一文，很是兴奋，颇想一睹为快，乃托人转告史先生，可否使我如愿。回京后不久，11月30日，即得史先生来书，并附《黄河颂》一文。史先生待晚辈亦如待友人，他在信中写道：

> 别来又复匝月，为念。前尊驾莅陕时，上官偶然谈到拙作《黄河颂》，多承眷念索阅，为感。昨日检整箧中，得获旧籍，因命人抄录一份，随函奉上，以博一粲。

这使我非常感动：史先生真是一位虚心、谦和、真诚的长者，是一位难得的良师益友。

《黄河颂》气势宏伟，底蕴深沉，文如行云流水，意寓赤子之心。我捧读再三，不忍释手。于是，我想起了史先生曾同我侃侃而谈，说他如何沿着黄河东下，进行实地考察，其最终目的地是黄河入海口。后因适逢连日大雨，道路泥泞，不能继续前行，距黄河入海口仅二百公里而返，深以为憾。其时，史先生已是耄耋之年了，这种精神实在令人钦佩。我又想起了史先生在《河山集》二集、三集中那些论述黄河和黄河流域之变迁的鸿篇巨制，如：《历史时期黄河流域的侵蚀与堆积》（上、下），《历史时期黄河在中游的侧蚀》，《历史时期黄河在中游的下切》，

《论泾渭清浊的变迁》,《周原的变迁》,《历史时期黄河中游的森林》,《论两周时期黄河流域的地理特征》,《由历史时期黄河流域的变迁探讨今后治河的方略》(以上二集);《由地理因素试探远古时期黄河流域文化最为发达的原因》,《黄土高原及其农林牧分布地区的变迁》,《两千三百年来鄂尔多斯高原和河套平原农林牧地区的分布及其变迁》,《战国秦汉时期黄河流域及其附近各地经济的变迁和发展》,《黄河中游森林的变迁及其经验教训》,《论历史时期黄土高原生态平衡的失调及其影响》,《论黄土高原的治沟与治水》(以上三集),等等。作者从远古时代论到历史时期,从黄河上游论到黄河中游,从黄河变迁论到经验教训,从生态破坏论到治理方略等等,都是严谨、务实之言,忧患、划策之论。史先生不愧是当代黄河之论的大手笔。他的这些宏论,是一部真正的当代《黄河论》巨著。他的《黄河颂》,恰是他的宏论的诗化,是史家之理性与情感的升华和凝聚。

这里,我引用《黄河颂》的首尾两段,读者可见史家思想的深邃和内心世界的博大。其文曰:

浩瀚壮阔的黄河,奔腾澎湃,流经黄土高原。黄河流域是黄种人滋生繁衍的地区，也是轩辕黄帝居处营卫的所在。黄河哺育着中华民族。中华民族得到这份自然的恩赐，瓜瓞绵延，永无止境，与山川相辉映，与日月共久长。

……

近世以来，黄河屡经泛滥，造成了若干破坏。这是人为作用的恶果，是不肖的炎黄子孙的造作，植被的破坏，水土的流失，愈至晚近而愈形严重，黄河怎能不频繁泛滥？如果除旧布新，有所改革，黄河必能充分恢复它原来的哺育力量，中华民族也必能因之早日得到振兴，益臻于繁荣富强！

当时，我曾想请一家报刊予以发表，以飨读者，以正有关黄河之视听。这一想法，也得到了史先生的同意。然而，这一想法却未能实现，至今引为憾事。现在，我在本文中引用《黄河颂》的两段文字，多少可以了却十多年来的一桩心愿，也使更多的人能够窥见这位著名历史地理学家的思想、胸襟和对祖国河山的眷恋之情。

（原载《中华读书报》2002年5月22日）

谈史念海先生的治学与为人
——从几封信札说起

　　改革开放以来,像我这样年龄的人,在治学道路上已走过了三分之一个世纪。回想起来,在自己的学术道路上,曾经得益于一些学术前辈的教诲与指点。1977年,我请教白寿彝先生:"今后应读些什么书?"答曰:"读史学史方面的书。"于是,在"阔别"了中国史学史十几年后,我又回到了当初的起点。在我是否下决心以唐代史学作为研究领域时,我得到漆侠先生的支持和指点。我在撰写《唐代谱学简论》一文时,曾就魏晋谱学与隋唐谱学的关系,致函韩国磐先生求教,韩先生复信予以指点,使我鼓起勇气将文稿寄给《中国史研究》杂志。当我因今本《顺宗实录》的撰者问题与质疑者辩难时,我的文稿得到了胡如雷先生的赞同并对个别论点予以补充。在学科发展方面,吴泽先生、杨翼骧先生给予多方面的关注和指导。白寿彝、赵光贤、何兹全三位业师，更是耳提面命，时有教诲。现在，这些学术前辈已先后辞世，但他们对我的指点和教诲，不会因此而被忘却。我想，对现代史学的反思和前瞻，我们既要看到学术发展趋势，同时也离不开我们对老一辈学者的怀念和对他们为学为人精神的总结。从一定的意义上讲，这是学术传承、发展、创新的一个条件。

由于白寿彝先生的关系，我得以认识史念海先生，不仅时时得到史先生所赐大著，而且还不时得到史先生的手书信札。长者，著作，信函，这三者在我眼前：他有着河山之恋的学术传统，他有着有用于世的治学宗旨，这就是我心目中的史念海先生！

笔者现存史先生所赐信函十一件，其中两件已在拙文《史学家的河山之恋》（《中华读书报》2002年5月22日）一文中引用，这里不再赘述。

一　考察黄河，验证"拦门沙"的判断

先生治历史地理，以黄河流域变迁及其植被变化为重点，兼及长江流域、运河古道、历代古都研究，以及历史地理之学、方志学等研究领域。在先生所赐的信札之

中，曾讲到沿黄河东下而以东营入海口为目的地。先生在1992年10月30日给我的信中写道：

> 此次东行考察，一共行了二十二日，历程一千八百里，倒也是一次畅游，好在贱体顽健如恒，未出什么不测难题。东游直至东营市，距黄河海口尚有百余里，以早一天当地大雨，滨海道路泥泞难行，未能前往一睹黄河入海处，亦一憾事。
>
> 多年来，一直认为黄河所以经常泛滥，颇与入海处的"拦门沙"有关。到东营后，晤黄河河口管理局高工、王君，始悉他们也有相同看法，并且正在竭力排除"拦门沙"，取得一定成就，使下游黄河水位有明显的降低。这是一大好事，惜尚不为司治黄河者所了解。"拦门沙"为黄河水在入海处与海水抵触所形成的，因而排除工作须不断进行。不为司治河者所了解，得不到助力，恐效果难于支持下去。有暇当撰文作为呼吁，只是人微言轻，恐亦难得有若何效果。（按《宋史·河渠志》记载，宋时一次"拦门沙"被冲去，自聊城已（以）下，河水水位都有明显的下降）。
>
> 信笔写来，唠叨不少，还乞有以谅之。

在这约400字的描述中，史先生兴致盎然地讲到他沿黄河东游的兴奋心情，而关于拦门沙的清除问题，又成了这次东游中要考察的一个学理问题和治河中的一个实践问题。先生"有暇当撰文作为呼吁"的计划，反映了他对治理黄河的关切和对社会的责任。更让我感动的，是先生考虑到我不是一个历史地理的研究者，因此还对拦门沙作了解释，讲到它形成的原因，并举《宋史·河渠志》为例作进一步说明。先生的循循善诱之心，跃然纸上。

先生曾撰写《黄河颂》一文，感情深切，大气磅礴，承先生不弃，命人抄誊一份相赠。我在《史学家的河山之恋》一文中曾引用了先生所赐之相关信札，而《黄河颂》一文在征得先生家人的同意后，寄《寻根》杂志，该刊将之作为"特稿"发表在2002年第4期，并配发了一副宏伟壮阔的黄河图景。读《黄河颂》，可略窥先生一生专注于研究黄河的高尚情操。

二　关于《文史知识》和《中国历史地理论丛》的两件事

1990年，我受《文史知识》委托，邀请史先生为"治学之道"栏目撰文。文稿内容希望结合本人的研究，拟包含三个方面：治学经历、主要成就和未来研究计划。先生在这年10月30日信中委婉托辞，写道："大函中说到夸奖方式，意多至三个方面，恐怕要多费时日，如何能担当得起？此中盛意，实深感祷。"次年6月25日，先生又专为此事赐函，表示同意撰文，他说：

> 前承嘱为《文史知识》撰写文章，迟迟未能奉上。这一来是过于疏懒，二来确实是没有什么成就可以写的。前些日子又得到刘玉华同志来信催促，刘同志还托此间友人代催。看来是不能不献丑，只能勉力为之。
>
> 撰写竣事，即寄呈左右，敬请斧正。如不符合刊物要求，便可弃于纸篓，不足惜也。
>
> 按前次惠书所示及刘君来函，附上相片及简历。如撰文不合要求，这些就都不必要了。

先生之谦虚，渗透于字里行间。

同年9月24日，先生又表示："拙稿多承关照，《文史知识》日前将排印稿寄来，嘱作最后校正。校后已经寄归。知念，谨闻。"这就是发表在《文史知识》1991年第11期上的《我学习中国历史地理学的过程》一文。从这些信

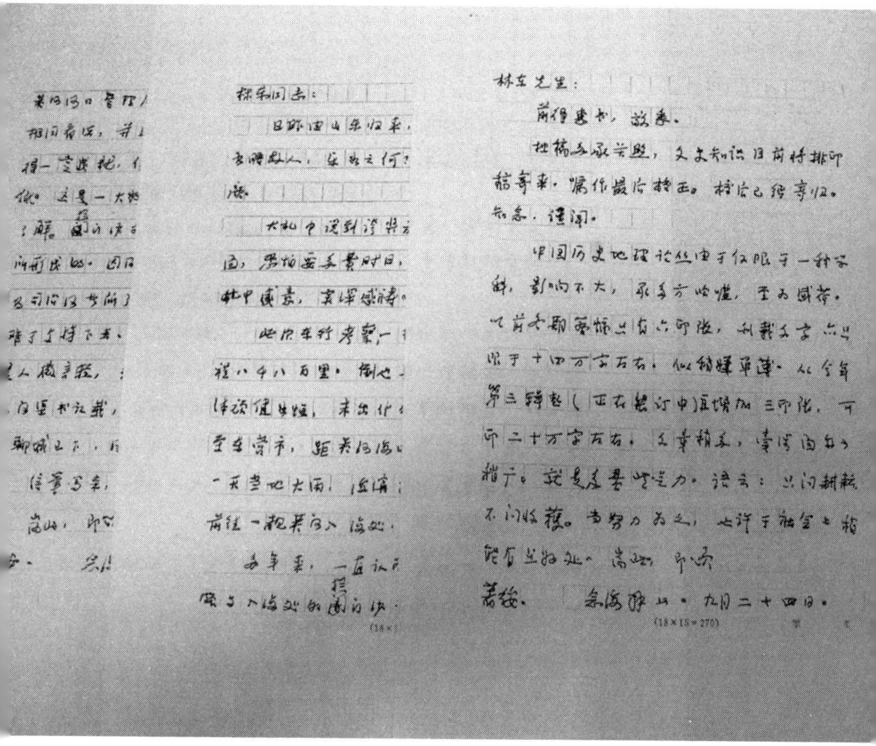

史念海先生有关《文史知识》文稿的来函

件中，可窥见先生对于一篇文稿自始至终，均有所交代，其待人接物的谦谦之意，令人敬佩、感动！

在这封信中，先生还谈到另一件重要事情，这就是关于《中国历史地理论丛》扩展篇幅之事。先生写道：

> 《中国历史地理论丛》由于仅限于一种学科，影响不大，承多方吹嘘，至为感荷。以前各期篇幅只有六印张，刊载文字亦只限于十四万字左右，似稍嫌单薄。从今年第三辑起（正在装订中）再增加三印张，可印二十万字左右。文章稍多，牵涉面亦可稍广，就是多费些气力。语云：只问耕耘，不问收获。当努力为之，也许于社会上稍能有点好处。

从这一段信文中，可以看出：第一：先生对于他所创办的《中国历史地理论丛》这一学术刊物的苦心经营；第二，先生为人为学的基本宗旨。记得三秦出版社在2006年出版的《史念海先生纪念文集》的书首，曾刊出先生的这样几句话：

> "宁可劳而不获，不可不劳而获，以此存心，乃有

事业可言。"

　　以前从顾颉刚先生授业，颉刚先生以此相嘱。数十年来得益甚多。

这同上引信文中的最后几句话，意近而旨远，是同一个道理。

　　1994年，有一次我去拜访史先生，交谈中，我建议史先生在《文史知识》上写一组系列的、通俗的历史地理文章，使县级以上的各级公务员能够读懂，这将从地理的角度有利于各级行政机构对地方的治理和开发。先生十分同意我的建议，并在笔记本上详细地记下了我们交谈的内容。后因先生主持陕西通史的编纂工作，又分担了中国历史地理的农业地理的编纂工作，以及别的一些原因，未能实现这一撰写计划。1994年6月，我在《文史知识》上的连载文章"中国古代史学批评纵横"结集出版，随即给先生寄呈一本，请先生赐正。同年10月30日，先生在给我的信中写道：

　　犹忆尊驾前时莅临西安时，曾教以为《文史知识》连续撰文，论历史地理之学，迄今尚未抽出时间，故迟迟未能报命。今大作已腾扬海内，尚未能一附骥尾，谅或责其不称职也。

史先生是一位对人对事都很认真的前辈学者,他因应允之事因故未能实现深感不安,用谦称"未能报命"、"不称职也"这些谦辞自责,以致现在读来,我仍感到震撼:学术前辈们在诚以待人、言事以信方面,实在值得我们这些后学好好学习。

三 虚怀若谷,奖掖后学

史先生待人谦和,有一种虚怀若谷的精神境界,他对前辈学者、同辈学者如此,对待晚辈学人也是如此。

史先生于1985年出版了他与曹尔琴、朱士光二先生合著的《黄土高原森林与植被的变迁》一书,1986年又出版了他与曹尔琴先生合著的《方志刍议》一书。这两本书,部帙都不大,但前者以历史地理之学与现实生态环境的治理相结合,后者从学术史的观点讨论了方志学领域的诸多问题,都有重要的价值。对此,我在有的文章中曾涉及二书,给予积极的评价,在给先生的信中,也会讲到它们。先生在1986年11月25日的赐书中写道:

拙著《方志刍议》，只是今年翻阅方志时一点体会，谈不上什么成就，如荷赐予评论，愧感何如！目前亦无著作具体想法，唯请多多指正而已。

《方志刍议》讨论了这样一些问题：论历史地理学与方志学；论旧方志与新方志；论方志中的史与志的关系；论方志的续旧与创新；方志的纂修和对于自然与社会演变规律的探索；论方志的纂修与实地考察；论方志的断限问题；论宋敏求的《长安志》；李吉甫与《元和郡县图志》等。

这些问题，有理论分析的，有历史论述的，有涉及编纂问题的，也有个案研究。从读者来看，自不可视为"一点体会"。诚如陈桥驿先生在为此书所作的序言起首所写的那样：

《方志刍议》是史念海、曹尔琴两位同志在地方志理论研究方面的新作。我受史先生之嘱，在卷首写一点抛砖引玉的体会。书名"刍议"，这个"刍"字，当然是作者的谦逊之词。九篇大作，拜读以后，觉得篇篇都是铿铿锵锵的宏论，绝非刍荛者之言，这是读者可以评价的。但这个"议"字却的确深得要领，我觉得在方志领域中，要"议"的东西实在太多了。（《方志刍议》，浙江人民出版社，1986年，第1页）

在陈桥驿先生看来，一方面是"宏论"，一方面是方志学领域中需要讨论的问题还不止这些，可"议"的问题还有许多，正是在这个意义上，他称赞这个"议"字用得好。这个评论，可谓是真知卓见，非一般评论者所能为。

值得注意的是，陈桥驿先生在这篇序言的最后，高度赞扬了史先生的治学风格，他写道：

应该指出，在野外考察工作方面，本书作者史念海教授是特别值得推崇的。我在拙作《继续深入黄河历史地理的研究》（载《河南师范大学学报》社会科学版1983年第1期）一文中，曾就他的名著《河山集》二集评论了他的野外考察工作。我说："作者在野外考察工作方面不辞劳苦和十分认真的精神，是值得历史地理学工作者学习的。"这里，我想再补充一句：也是值得方志工作者学习的。（《方志刍议》，第7页）

从陈先生的这些评价中，可见史先生治学的严谨和认真（前文所举考察东营市黄河入海口及"拦门沙"一事，只其区区一例而已），而先生对此往往一语带过，不愿多费笔墨，反映了他的大家风范。

1989年年初，我写了一篇关于史念海先生《中国的运河》修订本的评论，题为《运河：历史的价值和现实的意义——评史念海教授〈中国的运河〉》，寄给史先生，请他指正。不久，接到他的回信，信文如下：

林东同志：

惠书暨尊著皆已奉到，并一再拜读。当时本希稍写数行意见，以便向有关同志塞责。不意竟多费清神，撰此鸿文，感谢厚贶，实难措辞。拙著只是铺陈事物，固不足当称道。尊文气派宏远，跌宕流畅，实爱之不忍释手。已着人在此间发表，容后再陈。

前承嘱撰文，为寿彝先生祝寿，匆匆属笔，竟未能誊清，率而寄上，潦草殊甚，难辞哂笑。文后应附一段言辞，稍陈撰文经过，亦竟遗脱。今另纸写出，随函附上，敬祈指正。还盼附刊于前文之后，至祷。

谨颂

著绥

念海拜上

一月二十二日

这封信的前一段文字，是针对我的这篇评论说的（此文后刊于《人文杂志》1989年第5期），如此过奖后学，只能视为鞭策和努力的方向。后一段文字，是史先生一再自责的反映，读来令人深受教益。

先生的大家风范还反映在奖掖后进方面表现出的真诚和不吝笔墨。上引1994年10月30日先生的信中还有这样一段话：

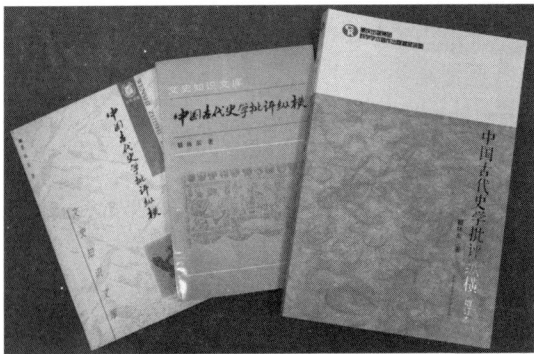

《中国古代史学批评纵横》书影

> 承嗣寄大著《中国古代史学批评纵横》，甚感。前
> 在《文史知识》中亦曾一再拜读。今通读全书，更为欣
> 慰。以"纵横"为名，书中确是纵横捭阖，无往不通，且
> 新意迭出，不囿于前人。读之一再击节，只是不能饮酒，
> 不然定当浮一大白。

先生用"击节"观书和"浮一大白"之典来形容他对拙著的评论，我自不敢承担，但先生的夸奖之心、激励之情，却是真诚的，我也由此更加勉励自己，不可辜负前辈学者的良苦用心和热切期盼。

我同史先生的忘年之交，自上世纪80年代中期至90年代末，长达十五年之久。先生的著作是我经常展读、学习的案头书，诚如白寿彝先生在《河山集》二集的序文开篇所说："这是近年出版物中难得的一本好书。它提醒我们在历史工作中应注意到地理条件的重要性。"（《河山集·二集》，第1页）后来，我受命撰写白先生主编的《中国通史》第一卷即《导论卷》中的第二章《历史发展的地理条件》，颇得益于史先生著作的启迪。近年来，环境史和生态史研究在国内的兴起，愈益可见史先生论著的学术生命力和社会实践意义。

先生所赐信札,数量有限,但作为他的学术、人生中的点点滴滴所产生的影响,对于我来说,却是宝贵的和无限的。

这篇短文,不仅寄托着笔者对史念海先生的缅怀、敬仰之情,也寄托着笔者对上面提到的那些学术前辈的感激之情。

(原载《中国历史地理论丛》2014年第2期)

中编　品评史书旨趣

永久的青春

——谈谈中国古代史学名著的魅力

认识史学的一条途径

南朝梁人刘勰在《文心雕龙·史传》开篇深有感慨地写道:"开辟草昧,岁纪绵邈,居今识古,其载籍乎!"作者在本篇中讨论了有关史书撰写及其得失的问题,而首先强调"居今说古,其载籍乎"的论点,这是指出了史书对于人们认识历史有不可替代的独特作用,可谓之宏论。我们甚至可以认为,史书的魅力就源于它的这一独特的作用。

魏晋南北朝时期,史学多途发展,史书数量与种类剧增;兼之注家蜂起,蔚为风气。故隋唐以下,人们读史,有了更多的选择。南宋学人高似孙著《史略》,其序称:"太史公以来,载籍之作,大义粲然著矣。……而善序事,善裁论,比良班、马者,固有荦荦可称。"他是有意识地在众多的史书中突出一些有代表性的著作，认为这对于后人"思欲商榷千古，钤括百家，大笔修辞，缉熙盛典"是很重要的。用时下流行的一句话来说，这就是关于史书的"精品"意识。南宋思想家、教育家朱熹虽然重经轻史，但他还是认为"史亦不可不看"。他反复要求他的学生们："先读《史记》及《左氏》，却看《西汉》《东汉》及《三国志》，次看《通鉴》"；"先读《史记》，《史记》与《左传》相包。次看《左传》，次看《通鉴》，有余力则看全史。"这似乎是涉及阅读史学名著的问题了。至于如何读史，他也对学生们提出了具体要求。一是关注重大史事："读史当观大伦理、大机会、大治乱得失。"二是从是非判断中明确义理所在："凡观书史，只有个是与不是。观其是，求其不是；观其不是，求其是，然后便见得义理。"三是从史事的叙述中揭示史家作史之意："读史亦易见作史者意思，后面成败处，他都说得意思在前面了。"四是要牢记最紧要的记载："人读史书，节目处须要背得始得。"（以上均见《朱子语类》卷一一）

刘勰、高似孙、朱熹都不是史家，但他们对史书的这些见解，却真切地显示出人们如何正确认识史学的一条路径。正因为如此，我们在这个基础上来讨论史学名著问题也就更具有普遍的意义。

那么，究竟什么是史学名著呢？

何谓史学名著

对"史学名著"作一个明确的界定是很困难的，因为史学名著是在史学的漫长发展过程中产生并流传下来的，对当时和后世有很大影响，因而受到人们的重视。唐代史学批评家刘知幾评论前代史家有三个标准，他认为："史之为务，厥途有三焉。何则？彰善贬恶，不避强御，若晋之董狐，齐之南史，此其上也。编次勒成，郁为不朽，若鲁之丘明，汉之子长，此其次也。高才博学，名重一时，若周之史佚，楚之倚相，此其下也。若三者并阙，复何为者哉？"（《史通·辨职》）清人浦起龙解释这三层含义是"秉直者""勒巨册者""徒多闻者"。这个解释，前两层含义大致近是；后一层含义，把史佚和倚相（亦称左史倚相）评为"徒多闻者"，颇为不妥。据《国语》所记，史佚和倚相都是极有见识的史官，倚相甚至被国人称为"楚国之宝"。即以刘知幾的"高才博学，名重一时"的评论来看，似亦不可认为是"徒多闻者"。这是显而易见的。至于他说的"编次勒成，郁为不朽"，如同左丘明所撰《左传》、司马迁所撰《史记》那样，无疑是传世名著了。如果按照刘知幾说的"郁为不朽"这个标准来确定史学名著的话，似乎过于苛求前人了。其实，刘知幾在《史通·古今正史》篇概述"正史"撰述史的过程中，不仅称道《春秋》经传、《史记》、《汉书》，也称道了荀悦《汉纪》、范晔《后汉书》、袁宏《后汉纪》、陈寿《三国志》、崔鸿《十六国春秋》等书。可见，"郁为不朽"也是相对的。值得注意的是，刘知幾特别称道"成其一家，独断而已"的著作，指出了"成其一家"同"郁为不朽"的关系。在当时史馆修史极其混乱的情况下，刘知幾所论是有道理的。后来，清代史学理论家章学诚把这称为"独断之学"（《文史通义·答客问中》）。

章学诚评论史书，根据不同的视点而各有评价。如他对史学上"通史家风"的赞扬，可以被看作是认识中国史学之"通史家风"的门径。他讲到史论有关问题时写道："史论须读'四史'论赞，晋、宋以后，姑缓待之。"（《文史通义·外篇三·与乔迁安明府论初学课业三简》）这些也可以作为我们判断史学名著的一个标准。此外，章学诚在论述中国古代史书体裁演变时，称赞南宋袁枢的《通鉴纪事本末》一书说："按本末之为体也，因事命篇，不为常格，非深知古今大体天下经纶，不能网罗隐括，无遗无滥。文省于纪传，事豁于编年，决断去取，体圆用神，斯真《尚书》之遗也。"（《文史通义·书教下》）类似这样的论断，在《文史通义》中还可以举出一些来。这种情况进一步表明：对"史学名著"的理解和认识，难得有一个简要而明确的界定。大致说来，我们只能根据史书在史学发展上所产生的影响去把握它、说明它。我们可以试着把这种影响概括为这样几条原则：在当时产生了很大影响，至今仍有重要参考价值者；在当时因受种种条件限制未能产生广泛影响，但在后来的史学发展上引起人们的关注并产生了广泛的、积极的以至于深远的影响者；在当时产生了重大影响，开一代史学风气之先，在史学史上有突出地位者。凡此三种，皆可称为史学名著。这几条原则也许还不够准确和全面，希望得到读者的指教。

中国古代史学名著的魅力

中国古代史学名著的魅力所在，亦即它之所以"郁为不朽"的地方，是多方面的：不仅反映在内容上，也反映在形式上；不仅反映在思想方面，也反映在文字表述方面；不仅反映在它和时代的关系中，也反映在它和文化传统的关系中。中国古代史学名著在这些方面表现出来的魅力，不仅仅是吸引人，感动人，还在于启迪人，鼓舞人，显示出深邃的理性精神、历史精神和中华民族的优良传统与民族精神。

首先是历史真实的魅力。历史著作贵在真实而为信史，这就是先人所概括的"信以传信，疑以传疑"的原则（《穀梁传》桓公五年）。史学名著在这方面历来备受尊重。《汉书》作者班固在历史见识上同司马迁有歧异，但班固仍然称赞司马迁《史记》"辨而不华，质而不俚，其文直，其事核，不虚美，不隐恶，故谓之实录"（《汉书·司马迁传》）。这个评价经历了一千九百多年的历史检验，为中外学人所认可。李约瑟从《史记》中认识到中华民族具有深刻的历史意识，而鲁迅则把《史记》誉为"史家之绝唱，无韵之《离骚》"。一般说来，求真实，贵信史，是中国古代史学名著共同的突出特点。当然，它们也并非白璧无瑕，但毕竟瑕不掩瑜。顾颉刚指出："《二十五史》为中国历史事实之所荟萃。"这是从史学的最基本的和最重要的方面作出的评价。

其次是历史见识的魅力。孔子最重视史书中的"义"，司马迁把"究天人之际，通古今之变，成一家之言"视为撰史的宗旨，班固、范晔等都十分看重史论，而《唐鉴》《唐史论断》《读通鉴论》《宋论》等书均以史论见长。史论集中地反映了史家对历史的认识和评论，它以明确的语言、深刻的见解和"彰往而察来"的意识，赋予读史者无穷的联想和不尽的启示。朱熹论史，看重史论，他认为："司马迁才高，识亦高"，"司马公史论、《稽古录》、范《唐鉴》，不可不读"，"《唐鉴》议论大纲好"（《朱子语类》卷一三四、一三六）等等。上引章学诚说的"史论须读'四史'论赞"，也都说明古代史学名著在历史见识方面的极大魅力。《史记》的论，不仅反映了司马迁的历史哲学、社会思想、人文精神，而且司马迁还善于寓论断于叙事之中，更表明了他表达历史见识的艺术手法和高明之处。范晔《后汉书》的论，突出地反映了他的历史思想、社会思想、政治思想和伦理思想，对读者认识东汉的社会历史面貌和时代精神有很大启发。王夫之的《读通鉴论》，可以看作是对中国古代社会历史作全面评论的一部杰作，宏论迭出，发人深省，是中国古代历史评论的最高成就。

第三是表现形式的魅力。中国古代史书体裁多样，有丰富多彩的表现形式，其中最重要的是编年体、纪传体、典制体、纪事本末体。它们分别以时间、人物、制度、事件为中心记事，但又彼此渗透、互相补充、各具特色。这里还有一个规律性的现象，即每一种新的体裁的出现，都伴随着一部以至多部史学名著的问世。《左传》《汉纪》《后汉纪》《资治通鉴》是编年体的代表作，《史记》《汉书》《后汉书》《三国志》是纪传体的代表作，《通典》是典制体的代表作，《通鉴纪事本末》是纪事本末体的代表作等等。它们的纷纷面世，都使人们耳目一新，给后人开拓了认识历史、研究历史的恢宏的空间。举例来说，南宋杨万里为袁枢《通鉴纪事本末》作序，写道：此书的特点是"大抵搴事之成，以后于其萌；提事之微，以先于其明。甚情匿而泄，其故悉而约，其作宛而槷其究遄而迩。其于治乱存亡，盖治之源，医之方也。"他还写到读此书的感受是："今读子袁子此书，如生乎其时，亲见乎其事，使人喜，使人悲，使人鼓舞，未既，而继之以叹且泣也！"这说明以事件为中心，把一件史事的始末原委清晰地表述出来，可以使读史的人产生一种特有的效果，感受到史书所蕴含的魅力。这种魅力，在不同体裁的史学名著那里，是以不同的形式表现出来的。

第四是文字表述的魅力。这一点是许多读史者最容易感受到的。如《左传》写战役胜负、使者辞令，《史记》写人物风貌、历史环境，《资治通鉴》写史事过程、双方辩难等，都写得十分精彩，脍炙人口，千百年来，传为不朽。明代学人茅坤评论《史记》写人物时写道："今人读《游侠传》，即欲轻生；读《屈原贾谊传》，即欲流涕；读《庄周》《鲁仲连传》，即欲遗世；读《李广传》，即欲立斗；读《石建传》，即欲俯躬；读《信陵》《平原君传》，即欲养士。若此者何哉？盖各得其物之情而肆于心故也，而固非区区字句之激射者也。"（《茅鹿门集》卷三）这是对史学名著的文字表述之美的深刻理解，揭示了文字表述之美的深层原因是得其情而肆于心，也就是通常所说的阔于其中而肆于其外。梁启超盛赞《资治通鉴》的文采，说司马光笔最"飞动"，使人"百读不厌"（《中国历史研究法补编·史才》）。"两司马"的高名，也同他们的史文表述之美有很大的关系。

第五是经世致用的魅力。中国古代史学名著历来受到各个时期的政治家、思想家和关心国事、天下事的士人们的高度重视，对他们有极大的吸引力，一个根本的原因，是由于这些历史著作在帮助人们治国安邦方面提供了丰富的历史经验和历史智慧，发挥着经世致用的作用。司马迁著《史记》，说是要"藏之名山，传之其人"，但他"述往事，思来者"的撰述意图，总结历代"成败兴坏之理"，尤其是关于秦汉之际的历史经验，是留给后人宝贵的思想遗产和精神财富，在人们的社会实践中产生了重大的作用。唐代史家吴兢撰写的《贞观政要》，受到唐、宋、辽、金、元、明、清各朝普遍的关注，先后被翻译成契丹、女真、蒙、满等文本广泛流传。唐代史家杜佑所著《通典》，不仅被时人誉为"经代（世）立言之旨备焉"（《唐文粹》卷六八），而且直到清代重刻时还被乾隆皇帝在序中称道为"本末次第，具有条理，亦恢恢乎经国之良模矣"。四库馆臣评论此书说："凡历代沿革，悉为记载，详而不烦，简而有要，元元本本，皆有用之实学，非徒资记问者可比。"（《四库全书总目》卷八一）至于《唐鉴》《通鉴纪事本末》《读通鉴论》《天下郡国利病书》《读史方舆纪要》等等，也都饱含经世致用之旨、治国安邦之道，吸引着关心社会治乱、国计民生的人们。

第六是激励人生的魅力。在中国古代史学中，纪传体史书占有核心的位置，也可以说"正史"占有核心的位置。

纪传体史书记载了许许多多不同时期的先进人物，他们的人生态度、嘉言懿行，成为后人学习的楷模，在历史上产生了极其深远的影响，成为民族精神生生不息、世世相传的具体表现，这就是所谓"中国的脊梁"。一部《二十四史》，固然有君臣父子的说教、封建伦理的羁绊，但这总不能掩盖住历史上各种先进人物及其事迹的光辉。诚如李大钊在《史学要论》中所说："即吾人浏览史乘，读到英雄豪杰为国家为民族舍身效命以为牺牲的地方，亦能认识出来这一班所谓英雄所谓豪杰的人物，并非有与常人有何殊异，只是他们感觉到这社会的要求敏锐些，想要满足这社会的要求的情绪热烈些，所以挺身而起为社会献身，在历史上留下可歌可泣的悲剧、壮剧。我们后世读史者不觉对之感奋兴起，自然而然地发生一种敬仰心，引起'有为者亦若是'的情绪，愿为社会先驱的决心亦于是乎油然而起了。"李大钊的这些话，阐明了历史著作对世人的启迪和影响及其所产生的精神力量。中国古代史学名著（不限于史学名著）对"后世读史者"的这种启迪和影响，是最广泛和最深层的，是无时不在和潜移默化的。这种精神上的魅力是其他事物不能替代的。

中国古代史学名著所具有的种种魅力，有的是我们可以感受到的，有的是我们不容易感受到的，但它们都是客观存在的。当然中国古代史学名著当中，也有过时的和落后的东西，甚至也有糟粕存在其间，我们应当加以鉴别，以明抉择去取。这是时代使然，是可以理解的。

中国古代史学名著是中国古代优秀文化遗产的一个重要部分，它记录着中华民族的伟大历程和创造精神，具有永久的青春和生命。在新的世纪里，当中华民族奋起走向伟大的振兴的时候，人们会更加自觉地珍惜它们，并从中获得无穷无尽的启示和教益。

（原载《光明日报》2001年2月6日）

以匡正风俗为己任
——读《隋书·李谔传》书后

隋朝的统一，是中国历史上的一件大事。隋初的社会改革，古代史家多称道"薄赋敛，轻刑罚，内修制度，外抚戎夷"（《隋书·高祖纪》），后来的研究者也围绕这些方面，写出了许多论著。这无疑都是对的。然而，隋初的改革，在匡正风俗方面亦曾取得突出的成效。这一点，后来的历史研究者似乎多有忽略，不曾给予恰当的评说。《隋书·李谔传》提供的史实表明，匡正风俗实为隋初改革的一个重要方面，其积极成效对于确保其他改革措施的实行，有至关重要的作用。李谔，则是这一改革的关键人物。

李谔，赵郡人，仕北齐为中书舍人，入北周拜天官都上士，隋朝时官至治书侍御史。在隋初，李谔以匡正风俗为己任，其主张和功绩表现在三个方面。

其一，整顿公卿之家、朝廷重臣的礼教风化。隋初，"公卿薨亡，其爱妾侍婢，子孙辄嫁卖之，遂成风俗"。李谔上书指出："嫁卖取财"，"实损风化"；"方便求娉，以得为限"，是"无廉耻之心，弃友朋之义"。不论是嫁卖的一方（公卿子孙），还是娉买的一方（朝廷重臣），都是不能容忍的。李谔进而指出："居家治理，可移于官，既不正私，何能赞务？"这是把治家和从政联系起来。隋文帝采纳了李谔的建议，制止了高级官员中的上述行为。

其二，力挫轻薄、浮华的文风。他目睹当时"属文之家，体尚轻薄，递相师效，流岩忘反"，于是上书文帝，揭示南北朝时这方面的历史教训。他指出：在北朝，"魏之三祖，更尚文词，忽君人之大道，为雕虫之小艺。下之从上，有同影响，竞骋文华，遂成风俗"。在南朝，"江左齐、梁，其蔽弥甚，贵贱贤愚，唯务吟咏。遂复遗理存异，寻虚逐微，竞一韵之奇，争一字之巧。连篇累牍，不出月露之形，积案盈箱，唯是风云之状"。李谔从北魏、齐、梁的不良文风中，揭示了它直接影响"世俗"、影响朝廷的教训："文笔日繁，其政日乱。"隋朝建立之初，统治者对于这样的历史教训是很重视的，因而采取了果断的措施："屏黜轻浮，遏止华伪。"他们还明确要求"公私文翰，并宜实录",即不论官府还是私门,都要讲求"实录"的文风。然而,当时也有个别官员不买账。就在开皇四年九月,泗州刺史司马幼之竟然堂而皇之地写了一道"华艳"的文表。他万万没有想到,因此而"付所司治罪"。通观史册,以"文表华艳"而获罪者,确是不多,可见隋初整治不良文风的决心和力度。

其三,打击"当官者好自矜伐"的敝俗。针对"当官者好自矜伐"的自吹自擂现象,李谔上奏指出:为官应当"陈力济时","不得厚自矜伐";如果"功无足纪,勤不补过",还要自我吹嘘,那就太荒唐了。他说,历史上出现过这类无廉耻现象,造成了"用人唯信其口,取士不观其行,矜夸自大,便以干济蒙擢,谦恭静退,多以恬默见遗"的严重后果,这个教训是应当记取的。隋朝建立后,这种"自炫自媒"的风气在很大范围内被革除,以至于"耕夫贩妇,无不革心",但有些大臣却"仍遵敝俗",不改此种陋习。对此,李谔建议:如有刺史入京述职,仍然"言辞不逊,高自称誉",一律"具状送台,明加罪黜,以惩风轨"。隋文帝支持李谔的见解和建议,"以谔前后所奏颁示天下,四海靡然向风,深革其弊"。如此看来,隋初匡正风俗之举,确实收到了良好的效果,而李谔当居首功。李谔为官，"务存大体，不尚严猛"，他"无刚謇之誉，而潜有匡正多矣"。他后来到地方做官，任通州刺史，"甚有惠政，民夷悦服"，由此足见他是一个言行一致的人。

《隋书·李谔传》约一千五百字，而写他匡正风俗的篇幅就占了一千一百余字。唐初史家很看重李谔的见识，称赞他"性公方，明达世务"。这是中肯的评价。读其传，乃可深知匡正风俗之重要。

（原载《光明日报》1996年1月16日）

谈谈记述南北朝史事的"八书""二史"

一 "八书""二史"

在"二十四史"中，有十部史书是记述南北朝史事的，它们是：《宋书》《南齐书》《梁书》《陈书》和《南史》，记南朝史事；《魏书》《北齐书》《周书》《隋书》和《北史》，述北朝兴亡。以上"八书""二史"，合计七百四十六卷，几乎占了"二十四史"总卷数三千二百三十九卷的四分之一。

从撰写时间来看，这十部史书成书于两个时期。《魏书》《宋书》《南齐书》成书于南北朝，其他七部都是唐初修撰的。

从编撰体例来看，"八书""二史"都是纪传体史书。其中，《魏书》《宋书》《南齐书》《隋书》不仅有纪、传，而且有志，属于比较完整的综合体史书。其余六部则只有纪、传。"八书""二史"都没有继承《史记》《汉书》中史表的传统，这是一个缺陷。

从著述过程来看，"八书"均系奉旨所修，是"钦定"的史书；"二史"虽然"撰自私门"，但也出于史官之手，并且经过监修的推荐、宰相的审订、皇帝的批准，地位与"八书"无异。可见，"八书""二史"在很大程度上反映了各个封建统治集团的政治需要。

《宋书》一百卷，梁沈约（441~513）撰。沈约历仕宋、齐、梁三朝，历史上习惯地把他称为梁朝人。但他奉诏撰写《宋书》，则在齐武帝永明五年（487）。次年，他完成帝纪十卷、列传六十卷。《宋书》十志三十卷，其撰成当在齐明帝称帝（494）以后，甚至晚至梁武帝即位（502）以后。

《南齐书》五十九卷，梁萧子显（489~537）撰。萧子显撰《南齐书》的过程，《梁书》本传所记极为简括，只说他"又启撰《齐史》，书成，表奏之，诏付秘阁"。《南齐书》原六十卷，包括帝纪八卷、志八目十一卷、列传四十卷、序录一卷。序录早佚，今存五十九卷。

《梁书》五十六卷、《陈书》三十六卷，唐姚思廉

（557~637）撰。姚思廉在贞观三年（629）奉诏撰梁、陈二史，至贞观十年（636）奏上《梁书》帝纪六卷、列传五十卷，《陈书》帝纪六卷、列传三十卷。姚思廉之父姚察曾做过梁、陈二朝史官，隋时，受命撰梁、陈二史，未成而卒。姚思廉的《梁书》《陈书》，继承了他父亲的一部分旧稿。

《魏书》一百三十卷，北齐魏收（505~572）撰。北齐天保二年（551），魏收奉诏撰魏史，至天保五年（554）先后奏上《魏书》帝纪十二卷、列传九十八卷及志十目二十卷。史载魏收作史，任情褒贬，随意抑扬，曾说："何物小子，敢共魏收作色! 举之则使上天，按之当使入地。"（《北齐书·魏收传》）同时，《魏书》也触犯了一些世家大族。因此，《魏书》撰成后，"众口沸然，号为'秽史'"，北齐文宣帝只得"敕魏史且未施行"。此后，孝昭帝高演又"诏收更加研审"，"颇有改正"；武成帝高湛也"复敕更审"，魏收再次作了修改。《魏书》经过这两次修改，始成定本。

《北齐书》五十卷，唐李百药（565~648）撰。李百药的父亲李德林（530~599）是研究北齐史的学者，北齐时曾撰"国史"二十七卷，隋时，增至三十八卷。贞观元年（627），李百药奉诏撰北齐史，在其父所撰《齐书》的基础上，于贞观十年撰成《北齐书》帝纪八卷、列传四十二卷。

《周书》五十卷，唐令狐德棻（583～666）等撰。贞观三年，唐太宗诏修梁、陈、齐、周、隋五代史，令狐德棻与岑文本、崔仁师撰周史，贞观十年成书，包括帝纪八卷、列传四十二卷；史论部分，多出于岑文本。令狐德棻是唐初一位很有才能、很有远见的历史家。他不仅主编《周书》，而且"总知类会"梁、陈、齐、隋四史；后来参与重修《晋书》，被"推为首"，又曾积极赞助李延寿撰《南史》《北史》。唐初所修八史，均与他有密切关系。

《隋书》八十五卷，唐魏征（580～643）等撰。贞观三年奉诏编撰，执笔者还有颜师古、孔颖达、许敬宗诸人，至贞观十年成书，包含帝纪五卷、列传五十卷，史论皆出于魏征之手，集中反映了唐初最高统治集团的历史观点。贞观十五年，于志宁、李淳风、韦安仁、李延寿等又奉诏撰梁、陈、齐、周、隋《五代史志》，至高宗显庆元年（656）勒成十志三十卷，亦称《隋志》。

《南史》八十卷、《北史》一百卷，唐李延寿撰。李延寿之父李大师早有著述南北史的计划，直到临终，"所撰未毕，以为没齿之恨"。延寿因"家有旧本，思欲追终先志"，乃利用在史馆工作的机会，"推究""披寻"南北朝各史，以十六年工夫撰成《南史》帝纪十卷、列传七十卷及《北史》帝纪十二卷、列传八十八卷。于高宗显庆四年（659）奏上。唐高宗亲自为之作序，可惜这篇序文早已失传。

从史料价值来看，"八书""二史"是记述南北朝时期全国历史发展状况的第一手材料，也是有志于学习和研究南北朝历史者应当阅读的主要历史文献。"八书""二史"这个提法，在清代已颇流行①，并非始于今日。

二　纵横交叉

这是就"八书"各自的断限和所记史事的范围来说的。断限，是指纵的方面的联系；范围，是指横的方面的联系。阅读"八书"，首先要了解它们之间这种纵横交叉的密切联系，以便于比较准确地把握历史发展的全貌，

---

①《四库全书总目》卷四六《史部·正史类二》："虽'八书'具列，而'二史'仍并行焉。"张应昌《〈南北史识小录〉补正》序："以'两史'及'八书'较之，间有误处，辄为正之。"（同治十年武林吴氏清来堂校刊本）

揭示历史事件相互间的复杂关系。

例如,从纵的方面看,南朝四书的断限,依次衔接,清晰可见;而北朝四书的断限,就比较复杂一些。这是因为:《魏书》以东魏为正统,叙东魏事甚详,于西魏事则多阙如。《北齐书》上承《魏书》,自然不成问题;《周书》上承《魏书》,中间却缺少西魏一朝史事。《周书》撰者为了解决这个问题,便在《周书》帝纪中记述了西魏的政治、军事大事。可见,我们要了解、研究西魏的历史之第一手材料,主要应阅读《周书》。从横的方面看,南朝四书与北朝四书所记史事存在着联系,这是毋庸置疑的。因此,在阅读其中某一部书时,就要注意到与之相关联的其他各书。读《魏书》时,要注意到《宋书》《南齐书》《梁书》;读《陈书》时,要注意到《北齐书》《周书》《隋书》,等等。

又如,上述这种联系,都是从总体上着眼,而有些联系则荫蔽在各书所述的有关史事中,这同样是不能忽略的。《北齐书》所记,实际上包括东魏、北齐两朝史事,所以研究东魏历史,仅读《魏书》是不够的,还要读《北齐书》。《周书》所记,不仅包括西魏、北周,同时兼及东魏、北齐和梁、陈四朝史事,所以研究这一时期全国范围的历史发展大势,阅读《周书》是很必要的。《魏书·序纪》，追溯拓跋氏先世事迹至二十七代，略述了拓跋氏的发展源流。梁元帝末年，宗室萧詧建立后梁政权，先后依附北周及隋，传三代三十余年，但《梁书》不载此事，而《周书·萧詧传》则论之颇详。这样的例子，"八书"中还有不少。

再如，《魏书》《宋书》《南齐书》《隋书》各志，更是值得注意的。《史记》有八书，《汉书》有十志，《后汉书》八志则撰自西晋司马彪。其后，陈寿著《三国志》，仅列纪、传而无书、志，故《宋书》十志上括魏晋，下迄刘宋。至于《隋书》十志，本名《五代史志》，意在上承《魏书》志与《南齐书》志，故其不独仰包齐、周，而且囊括梁、陈。因此，阅读"八书"时，对《宋书》志和《隋书》志是应格外重视的。刘知幾《史通·断限》篇批评上述二志失于断限，而不察撰者深意，是不恰当的。对此，《四库全书总目》已持不同看法，近人余嘉锡先生进而认为这是"史家之良规""理固宜然"（《四库提要辨证》卷三"《宋书》"条）。

总之，"八书"之间纵横交叉的情形是错综复杂的。了解这种情形，有利于我们的阅读和研究。

三　长短互见

这是就"二史"和"八书"的关系来说的。

李延寿的《南史》多取材于宋、齐、梁、陈四书,《北史》多取材于魏、齐、周、隋四书,这是一方面。另一方面,"二史"虽出于"八书",但在著述思想、材料去取、文字繁简上,又不完全同于"八书"。两相对照,长短互见,二者均未可轻废,这是阅读和研究"八书""二史"时要注意到的又一个问题。

(一)关于著述思想。李延寿撰《南史》《北史》,是为了继承他父亲李大师"常以宋、齐、梁、陈、魏、齐、周、隋南北分隔,南书谓北为'索虏',北书指南为'岛夷'。又各以其本国周悉,书别国则不能备,亦往往失实。常欲改正,将拟《吴越春秋》,编年以备南北"(《北史·序传》)的遗志,这无疑是隋唐统一政治局面对历史撰述提出的新要求的反映。因此,"二史"倾向统一的著述思想是"八书"(除《隋书》外)所不能企及的。首先,作者从全国统一、"天下一家"的观点出发,摒弃了《宋书》《南齐书》有关"索虏"和《魏书》有关"岛夷"的相互诋毁之辞,同时把南北朝诸帝一概列入帝纪。这种不再强调华夷界限的思想，反映了魏晋南北朝时期民族大融合和隋唐时期政治统一的历史进程。其次，"二史"作者把宋、齐、梁、陈和魏、齐、周、隋作为一个大的历史阶段来看待，因而较多地纠正了原有史书在朝代更替之际的一些曲笔、回护之辞，这固然是李延寿撰写前代历史、顾忌较少的缘故，但也跟他通观全局、总揽南北的著述思想有关。

（二）关于材料去取。"二史"不是一般地抄撮"八书"，因此，不应把前者看作是后者的"节本"。李延寿撰《南史》《北史》的方法，一是"抄录"，二是"连缀"。"连缀"当是属于改写，在材料上有所增删去取。他为了"鸠聚遗逸，以广异闻"，参考了"正史"以外各种"杂史"一千多卷，"皆以编入"；同时，对"八书"的"烦冗"之辞，"即削去之"（《北史·序传》）。"二史"所删"八书"部分，一般多是皇帝诏册、大臣奏议、学人诗文之类，使所记史事更加连贯、突出。但"二史"所删也有不妥之处，如《南史·沈文季传》删去了南齐唐㝢之起义的有关史料，《范云传》附《范缜传》删去梁时范缜关于神灭的辩难；《北史·李孝伯传》附《李安世传》删去北魏李安世关于均田的奏疏，又在其他一些人的传中删去有关东魏、北齐时各族人民起义的若干史料，等等。对这些反映当时阶级关系和意识形态的重要材料，"二史"或全部删去，或所存无几。

"二史"所增"八书"部分，有很多是出于"小说短书"一类的文字，所以羼杂了不少妖异、兆祥、谣谶等荒诞内容，这是一个显著的缺陷。但也应看到，"二史"确实增补了一些很有价值的史料，如：《南史》增置王琳（梁）、张彪（梁）等人的专传（参见《南史》卷六四），《郭祖琛传》增补了梁武帝残民佞佛的史实，《茹法亮传》保存了唐寓之起义的一些史料，《范缜传》虽删去关于神灭的辩论，却增加了他不屑于"卖论取官"的一段著名对话，等等。《北史》对西魏一朝史事增补尤多，除增置帝纪、后传外，还补了梁览、雷绍、毛遐、乙弗朗、魏长贤等人的专传；李弼、宇文贵等人传后，增写了有关西魏、北周军事制度的详细材料（参见《北史》卷六〇）；《苏威传》补充了江南人民反隋斗争的史实，等等。这些都是很宝贵的史料。清人赵翼认为《南史》增《梁书》"有关系处"，多涉及"人之善恶，事之成败"（《廿二史札记》卷一〇）。应当说，"二史"所增"八书"部分，不少是属于这种情况的。

（三）关于文字繁简。"八书"共五百六十六卷，"二史"仅一百八十卷，只占原书卷数的三分之一、字数的二分之一。这是"二史"对"八书""除其冗长，挦其菁华"的成绩之一。后代学者对此给予很高的评价。欧阳修、宋祁称赞"二史""颇有条理，删落酿辞，过本书远甚"（《新唐书·令狐德棻传》附《李延寿传》）。司马光认为："二史""叙事简径，比于南北正史，无繁冗、芜秽之辞"，是"近世之佳史"（《文献通考·经籍考一九》）。《四库全书总目》也说《南史》"意存简要，殊甚本书"，《北史》"叙事详密，首尾曲赡"。可见，文字简径，实是"二史"优点。

综上，"二史"较之于"八书"，在撰述思想、材料去取、文字繁简上，有其所长。因此，初读南北朝史，可以先从"二史"入手。这既易于阅读，又便于掌握历史发展线索，但是，由于"二史"求之过简，对"八书"删削较多，所以在材料上不及"八书"详细、完整。尤其是"二史"仅有纪传而无书志，这是它无法代替"八书"的主要地方。正因为有这两个原因，所以我们要深入了解南北朝史，仅读"二史"是远远不够的，还必须把"二史"和"八书"参照着阅读，辨其长短，窥其优劣，融会贯通，方有所得。

四　历史特点

梁启超说过这样一句话:"作史如作画,必先设构背景;读史如读画,最要注察背景。"(梁启超《中国历史研究法》,商务印书馆,1933年,第158页)这话是有一定的道理的。我们作史也好,读史也好,总要有一个全局的看法;如果只把眼睛盯着历史"画面"上的某一个局部,那就看不清历史的全貌,因而也就很难把握历史发展的特点。

"八书""二史"的纪、传、志给我们描绘了一幅什么样的历史"图画"呢?

(一)南北间的战与和。"八书""二史"帝纪,以及《宋书·索虏传》《南齐书·魏虏传》,《魏书》里的《刘裕传》《萧道成传》《萧衍传》等,集中地记载了一百七十年中南北朝间或战或和的政治形势。

南北间的战争(当时的统治者或称"北伐",或称"南伐"),断断续续,直到隋朝南下灭陈,才算结束。

宋文帝刘义隆早有"北伐"之志,很想效法西汉名将霍去病封狼居胥的英雄壮举。元嘉二十七年(450),他派王玄谟率军"北伐"。两军主力战于滑台,宋军大败。接着,魏太武帝拓跋焘亲自"南伐",直抵长江北岸。拓跋焘在瓜步山（今江苏六合县东南）建立"行宫"，隔江虎视宋都建康（今南京市）。宋文帝登烽火楼北望，认识到自己的这次"北伐"是个失误，于是双方言和。次年，魏军退，"掠广陵居人万余家以北"，其"所过州郡，赤地无余"（《南史·宋文帝纪》）。赵宋时，爱国词人辛弃疾在一首词中嘲笑了宋文帝的这次"北伐"："元嘉草草，封狼居胥，赢得仓皇北顾！"

天监四年（505），梁武帝派宗室临川王萧宏"北伐"。萧宏是梁武帝的六弟，故"所领皆器械精新，军容甚盛，北人以为百数十年来所未之有"（《梁书·临川王传》）。但是，这支号称"百万之师"的大军，进至洛口后，即畏惧不前。诸将求战，萧宏不允。吕僧珍进言说："知难而退，不亦善乎！"萧宏甚以为是。"魏人知其不武，遗以巾帼（古代妇女的头巾和发饰）。北军歌曰：'不畏萧娘与吕姥，但畏合肥有韦武。'"韦武即指韦叡，梁朝名将。萧娘和吕姥，是对萧宏和吕僧珍的侮称。在一个风雨交加的夜里，梁军惊恐，不战自溃，"弃甲投戈，填满水陆，捐弃病者，强壮仅得脱身"（《南史·临川王传》）。梁军洛口之败，成为南北笑料。

上举二例，可以窥见南北间战争的一般情况。清人赵翼《廿二史札记》卷一三"南北史两国交兵不详载"条，以《魏书》为线索，列举南北间一系列战争，颇可参考。

南北间的关系并非都是剑拔弩张，兵戎相见，也还存在着通使与和好的一面。据《魏书》诸岛夷传所记，宋、齐、梁三朝派往北魏与东魏的使臣，有姓名可考者达六七十人次，而对方亦"遣使报之"。《宋书·索虏传》也说："索虏求互市……时遂通之"，"虏复和亲，信饷岁至，朝廷亦厚相报答"云云。《南齐书·魏虏传》写道：齐武帝萧赜时，"岁使往来，疆场无事"；孝文帝时，南使每至，"亲相应接，中以言义。甚重齐人，常谓其臣下曰：'江南多好臣。'"

南北间的这种通使关系，在统治阶级中已成为一件大事。《北史·李崇传》附《李谐传》记："既南北通好，务以俊乂相矜，衔命接客，必尽一时之选，无才地者不得与焉。梁使每入，邺下为之倾动，贵胜子弟盛饰聚观，礼赠优渥，馆门成市……魏使至梁，亦如梁使至魏"，一时风尚如此。《南齐书·魏虏传》说："永明（齐武帝年号）之世，据已成之策，职问往来，关禁宁静。疆场之民，并安堵而息窥觎，百姓附农桑而不失业者，亦由此而已也。"可见，南北通好，又不仅仅是统治集团之间的事情，它与国计民生都有紧密的联系。

（二）民族融合的加深。北魏、东魏、西魏是鲜卑族拓跋部建立的政权，北周是鲜卑族宇文部建立的政权，北齐是鲜卑化的汉人建立的政权。《魏书》《周书》和《北齐书》集中地反映了这五个皇朝的兴衰史。主观的历史是客观的历史的反映。如果我们用这个观点来读这几部史书，就会较深刻地认识到：南北朝时期，我国北方和西北方广大少数民族地区的历史，在大踏步地前进。

北魏在历史上存在了近一个半世纪，这是鲜卑族和其他一些北方民族的历史发生深刻变化的过程。《南齐书·魏虏传》说："佛狸（拓跋焘字佛狸）以来，稍僭华典，胡风国俗，杂相揉乱"；其"宫室制度"，系汉人蒋少游制定；后又以汉官王肃"制品官百司，皆如中国"等等。这样的记载，我们在《魏书》的《高祖纪》《李冲传》《食货志》《刑罚志》《官氏志》等篇中，都可以看到。其中，冯太后和孝文帝的经济、政治、文化、习俗的改革，则是具有里程碑的意义。

历史的进步，往往要通过对它的发展过程的连续性作比较深入的考察，才能被人们看得更加清楚。如果我们把《魏书》《北齐书》《周书》中记述的鲜卑族在政治、经济、文化、习俗上的种种变化，跟《三国志·乌丸鲜卑传》和《后汉书·乌桓鲜卑传》的记载加以比较的话，我们就会看到：在这二三百年中，鲜卑族的历史取得了何等伟大的进步！其实，这又不只是鲜卑族的进步。匈奴人的汉和前赵，羯族人的后赵，氐族人的前秦，羌族人的后秦，都有这样的共同经历。从这个意义上来看，北魏冯太后和孝文帝的改革，可以认为是自东汉末年以来，匈奴、鲜卑、羯、氐、羌等族同汉族不断走向融合的历史趋势的总结。这种民族的大融合，还生动地体现在北魏末年各族人民的大起义中。

（三）江南经济的发展。《宋书》卷五四后论中有这样一段话：

> 江南之为国盛矣！……地广野丰，民勤本业，一岁或稔，则数郡忘饥。会土（会稽）带海傍湖，良畴亦数十万顷，膏腴上地，亩直一金，鄠（今陕西户县）、杜（今陕西长安市南）之间，不能比也。荆城（荆州）跨南楚之富，扬部（扬州）有全吴之沃，鱼盐杞梓之利，充仞八方，丝绵布帛之饶，覆衣天下。

这里写的是宋武帝时期的江南景象。《陈书》卷五《宣帝纪》录太建四年（572）诏书，其中也有"良畴美柘，畎畞相望，连宇高甍，阡陌如绣"的话，说的是梁末以前的江南景象。

如果把这些记载，跟司马迁笔下"火耕而水耨""无积聚而多贫""无冻饿之人，亦无千金之家"（《史记·货殖列传》）的江南作个比较，南北朝时期的江南经济已大大发展了。这个变化是怎样神奇般地出现的呢？原因自然是多方面的。这里，我们不妨读一读《宋书·州郡志》：

> 自夷狄乱华（？），司、冀、雍、凉、青、并、兖、豫、幽、平诸州一时沦没，遗民南渡，并侨置牧司，非旧土也。

下面还有许多诸如"淮南民多南渡""民南渡江者转多""淮北流民，相率过淮，亦有过江""中原乱，北州流民多南渡"的记载，以及出现了大量的"侨置"州、郡、县。

可见，东晋、南朝以来，北方大量人口南下，已成了一个重要的历史现象。有人根据《晋书·地理志》和《宋书·州郡志》研究推算：刘宋时有户籍南迁人口约占西晋北方人口的八分之一，约占刘宋时南方人口的六分之一。其中，扬州所集南迁的人最多，占全部南迁人口总数的半数以上（翦伯赞主编《中国史纲要》第2册，人民出版社，1965年，第82页）。这些南迁人口，增加了南方的劳动力，带来了北方先进的生产技术和生产经验，同南方劳动人民相结合，利用南方良好的自然条件，于是创造出新的生产力。这是江南经济得以迅速发展的基本原因。

五　社会风貌

"八书""二史"非常突出地反映了南北朝时期的社会风貌。这里着重举出两个方面。

（一）推重门阀。这是时代打在《魏书》《宋书》和《南史》《北史》上面的深刻的印记。从编撰形式来看，《魏书》和《南史》《北史》都大量地采用了家传。前者是附传的人数多，凡兄弟、子侄、族人，动辄以三四十或五六十数；后者除了同样采用家传形式外，还打破了朝代的界限。魏晋南北朝时期，门阀地主以重视婚宦来保持自己的特权地位，因而也就必然重视作为婚宦的依据的家谱。《魏书》和《南史》《北史》为门阀地主作传，或直接取材于家谱，或仿照其形式，都会使门阀地主感到满意的。从编撰思想来看，《魏书·官氏志》和《宋书》对传主人物的刻意选择上，都反映了作者浓厚的门阀观念。《魏书·官氏志》除了叙职官外，后半部分专叙氏族，这在以前的各史中是罕见的。《官氏志》记载了太和十九年（495）孝文帝厘定姓族的诏书，规定皇室以外的八大姓，可与北方汉族崔、卢、李、郑四大姓相侔，最终完成了鲜卑贵族的门阀化。《宋书》列传半数以上都是为门阀地主立传，而作为士族冠冕的王、谢二姓，就有二十余人入传。当然，对门阀地主的溢美之词，各书都不同程度地存在着。

存在决定意识。我们不能要求魏收、沈约、李延寿等人脱离当时的政治、风习来写历史。魏收撰《魏书》时，还曾受到一部分门阀贵族的反对；沈约生活在门阀观念极重的齐、梁之际；在李延寿著书的年代，唐太宗、武则天还都在设法同门阀做斗争；等等。在这样的历史条件下，怎么能要求他们的历史著作不带上时代的印记呢！清人王鸣盛曾激烈地指摘李延寿"如此作史，无理取闹而已"（王鸣盛《十七史商榷》卷五九"以家为限断不以代为限断"条）。我们的认识应当比王鸣盛来得更深刻一些。

（二）崇尚佛教。《魏书·释老志》也是当时的社会风貌的真实记录。《释老志》论说佛、道二教，而以佛教为主。它是北魏佛教的兴衰史。

《释老志》记：北魏统治者大多崇尚佛教。早在天兴元年（398），道武帝拓跋珪就下诏宣扬佛教"信可依凭"，下令在京城修建佛寺。沙门法果因得拓跋珪礼重，把拓跋珪比做"当今如来"，"遂常致拜"。法果说："我非拜天子，乃是礼佛耳！"从这里，可以看到统治者和佛教徒的互相利用。明元帝拓跋嗣希望"沙门敷导民俗"，帮助他统治人民。太武帝拓跋焘因发现僧寺秽行，下诏斥"胡神"，毁僧寺。文成帝拓跋濬时又尽行恢复。宣武帝拓跋恪笃信佛理，每年在禁中亲讲经论，广集名僧，标明义旨，由沙门条录，称为《内起居》。孝明帝正光（520～525）以后，"天下多虞，王役尤盛，于是所在编民，相与入道，假慕沙门，实避调役，猥滥之极，自中国之有佛教，未之有也。略而计之，僧尼大众二百万矣，其寺三万有余"。统治者要用佛教"敷导民俗"，而人民则把僧寺当作"避难所"。

其实，僧寺并不是人民的"天堂"。在那里，等级的森严和阶级的对立，与世俗无异。有了大量的土地和劳动力，僧侣地主和世俗地主并无二致，而寺院经济也就成了封建经济的一种特殊形式。

南朝统治者中梁武帝是佞佛的典型代表。《魏书·岛夷萧衍传》说他不仅大建僧寺，还"曾设斋会，自以身施国泰寺为奴，其朝臣三表不许，于是内外百官共敛珍宝而赎之"。臣下奏表上书都称他为"皇帝菩萨"。其发昏、出丑皆类此。

在僧寺香烟弥漫着大江南北的迷雾之中，生活在齐、梁之际的伟大无神论思想家范缜（约450~约515），勇敢地向佛教经论宣战。梁武帝天监六年（507），范缜发表了不朽的《神灭论》，对佛教谎言作了无情的批判，从而震动了显贵和佛坛。梁武帝为此下诏，令大僧正法云邀集朝贵及名僧六十四人，与范缜辩难。范缜"辩摧众口，日服千人"（僧佑《弘明集》卷九），始终没有在理论上退却。《梁书·范缜传》全文记载了《神灭论》，《南史·范云传》附《范缜传》补充了范缜不愿"史论取官"的千古名言，二者相得益彰，显示了这位朴素唯物论者的坚定信念和高尚情操。

重门阀、崇佛教，是南北朝时期门阀地主腐朽、空虚、没落的表现，反映了一种衰颓的社会风貌！而广大人民的为佛教所欺骗，则是阶级压迫、民族压迫所使然。

六　典章制度

"八书"之中，《魏书》《宋书》《南齐书》《隋书》都
有志，虽篇目多寡颇有异同，但若参照阅读，尚可了解这
一时期主要的典章制度。

《魏书·食货志》是很有意义的作品，它证明了鲜
卑贵族在征服了黄河流域广大地区后，又被这一地区的
先进生产方式所征服的这个历史事实。其中，所记太和
九年（485）北魏均田诏书和太和十年（486）李冲关于实
行"三长制"的建议，具有重要的史料价值，前者是曹魏
屯田、西晋占田以来，我国土地制度的又一个重要变化，
对后世有很大的影响。《隋书·食货志》写出了南朝和北
齐、西魏、北周、隋劳动力占有的品级制度和课役的等级
制度，以及各代的货币制度。

《魏书·官氏志》载明了北魏职官制度因"交好南
夏，颇亦改创"的过程及职官建置情况。《宋书·百官
志》写出了汉魏迄宋百官的因革，是正史《百官志》中较
好的。《南齐书·百官志》比较简单，只叙南齐本朝职官。

作者著作书影

《隋书·百官志》共三卷，各以一整卷篇幅分述了梁、陈官制和北齐、北周官制，颇为翔实。

《魏书·地形志》以东魏孝静帝武定年间（543~549）的档案为依据，记述了北魏的州郡建置及户口多寡。《宋书·州郡志》是作者的力作，不仅记载了刘宋一代的州郡建置情况，考察了汉、魏以来的因革变化，而且于侨置州、郡、县记载尤详。《南齐书·州郡志》比较简略。《隋书·地理志》主要记有隋一代的建置情况，但于注文中并记梁、陈、齐、周的处置因革。

《魏书·刑罚志》写出了北魏制定律令的过程。《隋书·刑法志》写出梁、陈、齐、周、隋的律书编定及统治者立法、毁法的恒情，反映了封建专制主义的特点。

《隋书·经籍志》是东汉以来我国目录学专书的新成就，它在一定意义上也概括了唐代以前我国学术文化的源流，是历史文献研究发展中的一个重要标志。它在图书分类法上对唐以后直至清代，都有深远的影响。因此，它是每一个学习和研究中国历史的人的必读书。

近代史学大家陈寅恪先生认为："隋唐之制度虽极广博纷复，然究析其因素，不出三源：一曰北魏、北齐，二曰梁、陈，三曰西魏、（北）周。"（陈寅恪《隋唐制度渊源略论稿·叙论》，中华书局，1963年，第1页）他的这个看法，对我们了解、研究南北朝的典章制度是有启发的，对于我们阅读"八书"诸志也是有启发的。

（原载《文史知识》1982年第7、8期）

"贞观之治"与《贞观政要》
——说说书与天下的辩证法

有辉煌的天下，乃有反映辉煌的天下的书，这是可以找到不少例证的，"贞观之治"与《贞观政要》便是突出的一例。

公元627年至649年的二十三年，是中国封建社会史上的一个辉煌的时代，这就是中外历史上都有显赫名声的"贞观之治"时期。

"贞观"，是唐太宗在位时所用的年号。"贞观之治"是史家对唐太宗统治时期在各方面所取得的成就及当时的社会风貌的称誉。

关于"贞观之治"，史家多有评论。就其主要方面来看，宋代史家称赞说："盛哉，太宗之烈也！其除隋之乱，比迹汤、武；致治之美，庶几成、康。自古功德兼隆，由汉以来未之有也。"（《新唐书·太宗纪》后论）五代史家感叹地说："贞观之风,至今歌咏!"(《旧唐书·太宗纪》赞语)倘若把"贞观之风"的"风"理解为贞观年间的政治作风和社会风貌的话,那么,人们对这一段历史作深入的和全面的总结与评论,是会比对唐太宗本人作评价更有意义的。今人撰写唐太宗传记者,已有数家,各有其长,而系统地写"贞观之治"的书,似还少见。为史诸公,岂不有意于此乎!

约在"贞观之治"结束后的八九十年,即唐玄宗开元后期,史家吴兢——被时人称为董狐式的史家——写出了《贞观政要》一书。这本部头不大的书,采用了一种特殊的体裁和表述方法,反映了一个辉煌的时代——"贞观之治"。

《贞观政要》是一部按若干专题写成的政治史,全书凡十卷四十篇,每篇可视为一个专题。其篇目及编次如下:君道、政体;任贤、求谏、纳谏;君臣鉴戒、论择官、论封建;论太子诸王定分、论尊师傅、教戒太子诸王、规谏太子;论仁义、论忠义、论孝友、论公平、论诚信;论俭约、论谦让、论仁恻、慎所好、慎言语、杜谗佞、论悔过、论奢纵、论贪鄙;崇儒学、论文史、论礼乐;务农、论刑法、论赦令、论贡献、辨兴亡;议征伐、议安边;论行幸、论畋猎、论灾祥、论慎终。从内容上看，每卷也有一个中心，这就是：为君之道、求贤纳谏、君臣关系、教戒太子、道德规范、正身修德、文化政策、刑法贡赋、征伐安边、善始慎终。用作者的话来说，此书的内容是"人伦之纪备矣，军国之政存焉"。作者认为："太宗时，政化良足可观，振古而来，未之有也。"他写此书的目的，是希望唐玄宗"择善而行，引而申之，触类而长"，"行之而有恒，思之而无倦"，达到"贞观巍巍之化可得而致"的目的。

一部《贞观政要》当然不能详尽地反映"贞观之治"（作者称"贞观巍巍之化"）的面貌，但它确实使得"贞观之治"的历史影响更加深入人心。尤其是作者以"为君之道"开篇，以"慎终"终卷，中间略述各项政策及其实施，贯穿着太宗君臣间的问对、辩论，极富有启发性。因此，这书特别受到后世诸多最高统治者的重视。

唐宣宗是晚唐时期一位尚有作为的皇帝，史家对他有较好的评论，说他统治时期，"刑政不滥，贤能效用，百揆四岳，穆若清风，十余年间，颂声载路。"（《旧唐书·宣宗纪》后论）这虽不免有夸大之处，但确也反映出这一时期政治面貌的基本状况。就是这位唐宣宗曾经"书《贞观政要》于屏风，每正色拱手而读之"。他是把《贞观政要》作为日常的最重要的必读书来对待的。这也就是说，《贞观政要》通过唐宣宗而对当时的天下产生了一定的影响。

辽、金、元三朝统治者，也都十分重视《贞观政要》一书，都把它译成了本民族文字而认真研究。辽兴宗时，下诏翻译汉文书籍。史家萧韩家奴"欲帝知古今成败"，率先翻译出《贞观政要》和《通历》《五代史》等史书。金世宗大定四年，"诏以女直（真）字译书籍"。次年，徒单子温就翻译出了《贞观政要》等书。史载，金熙宗与大臣韩昉有一段关于《贞观政要》的讨论。熙宗说："朕每阅《贞观政要》，见其君臣议论，大可规法。"韩昉说："其书虽简，足以为法。"接着，他们又讨论了对唐玄宗的评价问题，熙宗问道："太宗固一代贤君，明皇如何？"韩昉说："明皇所谓有始而无终者。……苟能慎终如始，则贞观之风不难追矣。"熙宗认为韩昉说得很对（《金史·熙宗本纪》）。他们的讨论，最终还是归结到"贞观之风"上。看来，吴兢把"慎终"作为《贞观政要》的终篇，确是意味深长的。元仁宗时，大臣察罕"尝译《贞观政要》以献。帝大悦，诏缮写遍赐左右。"（《元史·察罕传》）元仁宗不仅自己重视，还要左右群臣都来读《贞观政要》，当然也是向往、追寻"贞观之治"所致。

当然，唐宣宗、辽兴宗、金熙宗、金世宗、元仁宗等，都没有创造出类似唐太宗"贞观之治"的局面，后人也没有理由脱离具体的历史条件要求他们有如此成就，这需要作具体的分析。但是这里有一点是贯穿其间的，即他们都曾经试图以《贞观政要》所反映的"贞观之治"为楷模，以造成一个良好的政治局面和社会风貌；《贞观政要》能在多大程度上给他们以启迪和帮助，他们究竟能在多大程度上实现了自己的目标，却是各不相同的。尽管如此，这个事实告诉我们：书之于天下，确有不同寻常的反作用，尤其是那些具有长久生命力的好书。

书，生之于天下，又反作用于天下。书的价值，不好以金钱计算，在一定意义上说，它与天下同重。

（原载《深圳特区报》1994年3月5日）

作者附记：本文系应《深圳特区报》读书版"书与天下"专栏之约而撰。

德行·勇气·责任心
——读柳宗元《与韩愈论史官书》

　　唐宪宗元和八年（813），韩愈任史馆修撰（负责撰写国史的史官）。有位刘秀才致书韩愈，希望他在史事方面有所贡献。韩愈不摆史官的架子，给刘秀才复了信，谈到他对史事的一些看法。次年正月，韩愈好友柳宗元读到了《答刘秀才论史官书》，当即致书韩愈，阐述了他同韩愈的某些不同的见解，写了《与韩愈论史官书》（《柳河东集》卷三一）。

　　近来，重读《与韩愈论史官书》（以下简称《论史官书》）一文，颇觉很有些发人深思的地方。

　　主张直道。这是柳宗元《论史官书》的十分突出的思想，认为："凡居其位，思直其道；道苟直，虽死不可回，如回之，莫若亟去其位。"寥寥数语，话锋犀利，入木三分。诚然，如若一个封建官吏能够做到这样，应该说是难能可贵的。刘知幾曾经指出，好的历史家应具备才、学、识三长。其后，章学诚又补充以史德。"史德"是什么？章学诚认为"著书者之心术"（《文史通义·内篇五·史德》），便是史德。从史学传统来看，董狐笔法、太史公实录精神、刘知幾和吴兢坚持"直书"原则，等等，都揭示了"著书者之心术"，从而反映出他们的史德。也正如柳宗元所说：一个史官为了尽其"直道"，"虽死不可回"；否则，不如亟早离开史官的职位。这个认识，正是指的一个史官应当具备的德行。"史德"作为一个明确的概念，是章学诚首先提出来的。但有的论者据此即认为，在章学诚之前，人们没有提出有关史家德行的问题，这就未免有点片面了。历史家的德行亦即史德，在中国史学传统中，历来是人们非常重视的问题。

要有勇气。这是柳宗元在《论史官书》中提出的另一个重要主张。他写道：

> 史以名为褒贬，犹且恐惧不敢为，设使退之（韩愈）为御史中丞大夫，其褒贬成败人愈益显，其宜恐惧尤大也。则又扬扬入台府，美食安坐，行呼唱于朝廷而已耶？在御史犹尔，设使退之为宰相，生杀出入，升黜天下士，其敌益众，则又将扬扬入政事堂，美食安坐，

行呼唱于内庭外衢而已耶？何以异不为史而荣其号、利其禄者也？

是的，要尽史之"直道"，就一定要有勇气，敢于褒贬。如果一个史官不能做到这一点，进而那掌管全国监察机关的御史中丞大夫怎么办呢？再进一层，那握有全国生杀予夺、升降任免大权的宰相又该怎么办呢？是大家都按原则办事，"居其位而直其道"；还是不褒贬，无奖罚，浑浑噩噩，"美食安坐"，图个"荣其号、利其禄"呢？这实在是一个非常尖锐的问题。柳宗元认为：一个史官，不应当"不为史而荣其号、利其禄"，要敢于真正去做点事情。这个原则，不仅史官应受它的检验而确定其曲直，就是一般官吏也应当受到它的检验而区分其清浊。

不可没有责任心。这也是柳宗元在《论史官书》中极为强调的问题。他在信中反问韩愈说：

　　……今退之曰："我一人也，何能明（按指唐朝二百年来之历史）？"则同职者又所云若是，后来继今者又所云若是，人人皆曰"我一人"，则卒谁能纪传之耶？

这是一种非常可怕的局面。位当其职者曰："我一人，无可

为！"同职者亦云："我一人，无可为！"后继之人也都人
云亦云："我一人，无可为！"后继之人也都人云亦云，跟
着唱同一个调子。那么，谁来撰写唐代的历史呢?！当然，
柳宗元所热烈希望的，是另外一种局面：人人"孜孜不敢
怠"，则唐史"庶几不坠，使卒有明也"。他的结论是：身
居其职者"果有志，岂当待人督责迫蹵然后为官守耶?"
这里说的就是责任心的问题了。

柳宗元的《与韩愈论史官书》，是在"永贞革新"失
败、他被贬官十年的情况下写的。岁月流逝，人事沧桑，但
热烈的希望并没有在他心中"死"去。因此，他鼓励韩愈
"可为速为"，不要贻误时光。柳宗元在信的末尾写道：
"今人当为而不为……此大惑也。不勉己而欲勉人，难矣
哉！"这种积极的情绪和奋发的精神是非常感人的，因而
韩愈在复信中诚恳地表示这些批评"诚中吾病"。

柳宗元是思想家和文学家，但他的这篇《与韩愈论
史官书》，却是对史官提出的要求。这些要求比之于刘知
幾对史家提出的才、学、识来说，似乎具有更广泛的意
义。即便在今天，我们来诵读柳宗元的《论史官书》，恐
怕也会为之动容、为之感奋的。

（原载《光明日报》1980年8月12日）

文明的颂歌

——《中华文明史》隋唐五代卷卷首语

在中华文明发展的行程上, 约经四个世纪的隋唐五代时期, 尤其是近三百年历史的唐代, 是极其辉煌的一段历程。宋代大史学家司马光称颂唐代历史说:"三代以还, 中国之盛, 未之有也"(《稽古录》卷一五)。这是中国学人对本国历史所作的结论。本世纪上半叶, 英国学者赫·乔·韦尔斯在其所著《世界史纲——生物和人类的简明史》一书中, 是这样评价唐代文明的:"在唐初诸帝时代, 中国的温文有礼、文化腾达和威力远被, 同西方世界的腐败、混乱和分裂对照得那样的鲜明, 以致在文明史上立刻引起一些最有意义的问题。中国由于迅速恢复了统一和秩序而赢得了这个伟大的领先。"他还指出, 中国由此而保持的"领先的地位", 大约持续了一千年左右(本书中译本, 第629页)。这反映了西方学人对唐代文明在世界文明史上所处地位的认识。

这是一个使中国人和西方人都为之惊叹的文明时代。

这个时期的文明的魅力何在？它对今天的人们还有怎样的启示？这仍然是一个使人感到兴味盎然的课题。

从政治特点上看，重建统一和秩序，无疑是这个时期文明走向更高发展水平的基本条件。隋朝在统一南北之后的二三十年间，出现了"甲兵强盛""风行万里"的局面，充分证明统一对于促进中华文明发展是多么重要。唐太宗以大唐皇帝和"天可汗"的双重身份出现在历史舞台之上，显示了在新的统一的条件下，中华文明发展的多民族性的历史特点。从这个意义上说，"天可汗"不止是一个尊号，同时也是标志中华文明历史进程的一座新的里程碑。这里说的"秩序"，是封建制度走向发展、繁荣时期的经济制度、政治制度、法律制度、军事制度、教育制度、伦理制度等。在当时的历史条件下，它们在不同的程度上显示出自己的活力。中国历史上第一部制度史巨著《通典》产生于唐代，正是制度文明发展的结晶。

从经济发展上看，至少有两个方面是具有划时代意义的。第一，是江南社会经济的发展呈迅猛的趋势；第二，是南北经济联系得更加密切。魏晋南北朝时期的人口南迁和生产技术的南迁，到这个时期结出了更加丰硕的果实。如果说文明的发展在前一个阶段中不得不付出一定代价的话，那么它在这一个阶段中便获得了更多的补偿。甚至可以这样认为：没有那样的代价，便不会有这样的补偿。历史向来是"公正"的。这一时期的各经济部门，不论是农业、手工业方面，还是商业方面，在发展水平上都超越了以往的时代。广大的乡村，固非诗人所吟咏的如同田园牧歌那样美好、恬适，但它确是封建制度下自然经济不断发展的广阔天地。而在交通要道、江河沿岸、运河两侧则有相当数量城镇的兴起，为手工业、商业的发展提供了新的舞台。应当强调的是，不仅隋唐都城长安成为当时的国际性城市，扬州、泉州、广州也是当时中外经济文化交流的窗口。

社会经济的发展，首先取决于千百万生产者的生产活动。同时也和科学技术水平的提高及其在生产活动中的应用相关联。这个时期，在农业科学技术、手工业技术和建筑业技艺方面，都有长足的进步；在自然科学各领域和医学方面，发展不尽平衡，但都呈现出不断开拓的广阔前景。这些领域的发展，直接地或间接地推动了生产力的前进，产生了丰富的和精湛的产品，也出现了一大批科学论著,创造了世界技术史上的许多"第一",对人类文明作出了伟大贡献。其中,作为活字印刷术之先驱的雕版印刷术的发明,预示着人类文明新曙光的到来。

在隋唐五代时期的思想文化领域,文明发展的态势可以概括为:继承、总结、融汇和创新。汉字的规范化进程加快了,韵书趋于定型,一些少数民族结束了没有本民族文字的历史,中华文明在更高的层次上和更广阔的空间里发展着、丰富着。史学在摆脱经学的羁绊后于卓然自立的发展中出现了新的转折,学术思想在多途并进中相互融合,多种宗教竞相传播,中华文明在思想领域方面更加成熟起来。它雍容大度地走向东方各处,走向世界;它也不断吸收外来的精神产品,使自身的内涵变得更加丰富多彩。

这一时期文明的发展,在文学艺术领域可以说是进入到一个辉煌灿烂的时代,唐代的历史孕育了唐代的诗歌,唐代的诗歌又滋润着唐代的历史,不论哪一种流派、哪一种风格的诗歌,都可以看作是历史的诗化和诗化的历史。唐诗,直至今日仍然是古代中华文明的伟大标志之一。散文的勃兴、传奇的诞生,对后来文学的发展都有至关重要的影响。音乐、舞蹈,多元纷呈,绚丽夺目。八方乐奏，万般舞姿，渲染着多民族融合和中外文化交流的盛况。美术，不论是绘画、造像、书法、工艺制品，都达到它们发展史上的高峰，令人惊叹不已。

这个时期的时代精神，洋溢着高昂进取之志，博大豪放之情，务实而不乏浪漫，激越而不失冷静。改革，总是伴随着文明行进的脚步。历史也有回潮，但接着还是前进。杰出的政治家、军事家、思想家、史学家、诗人，都把"经邦""致用"作为立身的根本和平生的抱负。他们论政、议军、谈天、说地、撰史、赋诗，都离不开这个主旨。隋的开皇，唐的贞观、开元、元和，出现了几次人才涌现的高峰，时代造就了这些人物，这些人物也在不同程度上顺应了时代的要求。唐代的妇女，在这个时代的舞台上演出了妇女史上的活剧、壮剧。这个时代的社会风俗，保持着古老的中原文化传统，也焕发着周边少数民族的风采。牡丹怒放时，长安、洛阳为之沸腾；马球场上，人们驰骋奋进；品茶、弈棋，又使人们变得恬静、高雅……

从古代的意义上来看，这个时期的社会是一个开放的社会。陆地丝绸之路上的驼队，海上"丝绸之路"上的帆船，把中华文明远播域外，同时也载来了异国文明。这个时期的中华文明，既有强烈的辐射力，又有巨大的包容量。《大唐西域记》《大唐西域求法高僧传》《经行记》等书,记载了当时陆路和海上的中外交通情况。现今,人们对于千余年前陆、海丝绸之路的考察的热情,无疑包含着对这一段历史给人类带来高度文明的深沉的眷恋。

要而言之,这个时期的中华文明,是多民族大融合和中原文明逐步南迁的时期,是中华文明与世界文明相互交汇、相互激荡的时期,是在许多领域中产生了总结性和开创性撰述成果的时期。

亲爱的读者,当你伫立在赵州桥桥头、大雁塔下、当你航行于大运河中,流连于华清池畔,当你从龙门走向敦煌、从法门寺走向崇圣寺或开元寺,当你瞻仰唐蕃会盟碑、注目昭陵六骏,或者吟诵李杜歌诗、韩柳华章时,你是否会意识到,这时期的文明镌刻在我们中华民族伟大历史上的印痕是多么清新、明朗,即使在千余年之后,它依然使人们感觉到那个飞动和创造的时代;你或许还会体会到,这文明的生命力是何等的顽强和诱人,它激励着人们去创造无愧于它的延续、再生而又注入当今时代精神的现代文明。

诚然,这个时期的文明演进绝不是一帆风顺的,其间也伴随着刀光剑影、暴力抗争,隋末和唐末两次大规模农民起义，对于破除文明发展的障碍，起了非常伟大的作用。文明之花的盛开，离不开人们智慧之光的照射、千百万劳动人民汗水和血泪的浇注。

文明并不是纯而又纯的。在文明的肌体上，总是带着那个时代的不文明的斑痕以至野蛮的印记。曾经有过一些清醒的封建统治者，不止一次地提出"居安思危""善始慎终"，可是真正做到这一点的人，又有几许！从隋律到唐律，封建法典趋于完备，但"十恶"和"八议"却又清楚地表明它的局限性，透过富丽的宫殿、豪华的墓葬、庞大的乐舞、不计其数的精湛的工艺品，人们可以看到这个时期高度文明的画卷的背面，是当时社会的阶级对立和巨大财富的消耗。政治思想和学术思想领域里的论争，包含着进取与守旧的分野；而兴佛与灭佛的运动，则折射出宗教对于社会的种种影响。总之，隋唐五代时期文明的发展，历史是付出了巨大的代价的。这是文明发展的辩证法。

今天，当我们把隋唐五代时期的历史进步，作为中华文明史的一个发展阶段来看待、来研究的时候，便同时感受到这个课题的丰富性和艰巨性。本卷只是关于这个庞大课题的初步成果。古人云："筚路蓝缕，以启山林。"倘本卷能够起到人们继续研究这个庞大课题的开端的作用，是其幸矣。这是各学科主编、本卷撰稿者、总纂者和所有工作人员的共识和心愿。因此，凡关于本卷的有益的批评，都会受到热诚的欢迎。

（《中华文明史》，河北教育出版社，1994年）

（原载《文汇报》1993年4月13日）

俯仰无愧怍 天地自然宽
——读《楚图南著译选集》

楚老是著名的学者和革命家，我久已景仰。最近读到《楚图南著译选集》（上下两卷，北京师范大学出版社，1992年），全书110万字，上卷包含文集、文选两个部分，下卷是诗词与题句以及译作两个部分。这书题为《选集》，但它已包括了楚老最重要的著译作品，作品的时间跨度从1920年至1991年凡七十二个春秋，贯穿了本世纪三分之二以上的年代。像这样的著作，是难得见到的。

文集，收入了作者文学方面的评论和创作，如《悲剧及其他》《子斗集》《旅程余记》《没有仇恨和虚伪的国度》。文选，收入作者关于教育、学术、社会、政治等各方面文章八十余篇，其中政论占有突出的重要位置。诗词与题句，凡一百三十余首。译作，有《草叶选集》和《查拉斯图拉如是说》。书后附录有《楚图南著译系年》和《有关介绍楚图南生平的文章索引》。本书在搜集、整理、编辑方面，做了认真的和富有成效的工作；而在设计、印制、装帧方面的精良，使它在内容和形式上达到和谐一致，也是现今出版物中不多见的。

作者在本书《序言》中说："这些作品或多或少可以反映我七十多年来的经历，也反映了我们这一代人在这个伟大时代中经过的困惑、追求和思考。也许现代的青年人能从我们这一辈人的生活历程中看到我们这个时代不断前进的一些脉络。"从这两句话中，我们可以领悟出本书所具有的历史价值和时代价值。

"俯仰无愧怍，天地自然宽"。这反映了楚老的严谨、渊博和胸怀。读者从本书中可以突出地感到，作为学者和革命家的楚老在"这个伟大时代"的漫长岁月里，始终不懈地在思考、在战斗、在工作。文学，这个具有广泛社会影响和社会意义的领域正是楚老辛勤耕耘的园地。他从1930年起于流亡生活中开始翻译美国进步诗人惠特曼的诗歌，在30年代中国进步文学、革命文学的发展史上，产生过重大影响，对宣传革命的正义和唤起人民的革命热情、培育革命的文学青年，都有积极的作用。楚老的译笔，质朴而流畅，不尚华丽，不作硬译，易为人们所接受并引起深深的共鸣。《草叶选集》先后在1955年、1978年重版和再版，正是楚老译作的生命力的表现。

从本书所收入的楚老的学术论著中，不独可以看到他的饱学、渊博，更可以看到他的治学严谨，提倡独立思考、卓尔不群。1935年，他写出了《人文地理学之发达及其流派》和《中国历史地理学发凡》二文，在当时有很高的学术价值，今天读来仍可从中受到教益。1980年，"重建中国历史学会"的时候，楚老有一篇《我对历史方面的几点意见》的发言，指出："强调历史的科学性，尊重历史事实"；"史学应有严谨、认真、科学的工作态度和学风"；"多做一点普及工作"；编写"杰出的历史学家"的传记和"整理他们所积累的资料和心得"。这些意见，反映了他对新时期的中国历史学发展的热切希望。楚老的历史著作不像他的文学作品那么丰厚，但他的所有作品都反映出他的深沉的历史感和强烈的时代感的统一，诚如他在《登楼》诗中所吟："俯仰升沉千古事，心潮滚滚思悠悠。"

楚老治学，主张"特立独步，卓尔不群"，自谓"俯仰无愧作，昂然信所之"。本书中的许多论著都反映出他在治学上的卓尔不群，别识心裁。他对尼采的评价是突出的一例。30年代初，楚老在狱中翻译尼采的自传体著作《看哪，这人》和反映尼采哲学思想的格言录体著作《查拉斯图拉如是说》。这两部译作在抗战初期出版。楚老在译序和译者题记中都讲到了他在面对黑暗和死亡中，是怎样从积极的方面"尝味了尼采"，并提出了对尼采评价的独立见解。

楚老的著作饱含着他追求真理的坚定信念和对国家、民族前途与命运热忱关切的拳拳之心。"治学砺风骨，创业为人民"这两句诗，最集中而又恰当地概括了他的学术和精神。

（原载《中国教育报》1993年4月14日）

白寿彝教授和《中国通史》

　　1999年3月，上海人民出版社出版了《中国通史》的最后一卷，即第十二卷。至此，白寿彝教授总主编的十二卷本、二十二册、一千四百万字的《中国通史》，历经二十个年头的研究和撰写，终于全部出版。4月26日，北京师范大学举行"祝贺白寿彝教授九十华诞暨多卷本《中国通史》全部出版"大会。会前，白寿彝教授接到江泽民同志写于当天并委托专人送来的贺信。江泽民同志在信中说："《中国通史》的出版，是我国史学界的一大喜事，您在耄耋之年，仍笔耕不辍，勤于研究，可谓老骥伏枥，壮心未已。对您和您的同事们在史学研究上取得的重要成就，我表示衷心的祝贺！""我相信，这套《中国通史》，一定会有益于推动全党全社会进一步形成学习历史的浓厚风气。"江泽民同志的信在社会各界引起热烈反响，

《中国通史》越来越受到人们的关注。

中国通史：中国史家百年的追求

白寿彝教授（1909—2000）在其晚年为什么要编撰《中国通史》？其学术背景、历史原因是什么？其主观动因又是什么？这是我们认识《中国通史》的几个前提。

上个世纪开始，自梁启超1901年发表《中国史叙论》、1902年发表《新史学》，提出重新撰写中国历史后，撰写中国通史始终是20世纪中国史家的追求目标之一。1904年，章太炎在《哀清史》一文附有《中国通史略例》，提出了撰写中国通史的设想和框架。此后，夏曾佑写出《中国古代史》，陈黻宸写出《中国通史》，章太炎写出《中华通史》，王桐林、陈恭禄各写出同名的《中国史》，钱穆写出《国史大纲》，吕思勉写出《白话本国史》和《中国通史》，周谷城写出《中国通史》，邓之诚写出《中华二千年史》等等。与这些著述在撰写的时间上相交叉，范文澜写出《中国通史简编》、吕振羽写出《简明中国通史》、翦伯赞写出《中国史纲》第一、二卷等以唯物史观为指导的中国通史著作。

新中国成立之后，翦伯赞主编了《中国史纲要》，郭沫若主编的《中国史稿》经许多学者的努力也终成完帙。范文澜在五六十年代着手修改《中国通史简编》，并陆续出版修订本。关于《中国通史简编》，刘大年给予高度评价，认为它是"第一部运用马克思主义观点系统地叙述中国历史的著作"（《范文澜历史论文选集》序，中国社会科学出版社，1979年）。蔡美彪教授继续范文澜的事业，于1994年出版了十卷本的《中国通史》。白寿彝先生于20世纪70年代中期着手主持中国通史的撰写工作，于1980年出版了《中国通史纲要》：又经二十年的努力，全部出版了十二卷本、二十二册的《中国通史》。这些撰述，是20世纪40年代范文澜、吕振羽、翦伯赞等中国通史撰述的继续和发展。

我们通过这一极其简略的回顾，可见关于中国通史的研究和撰写，是20世纪中国许多史家的愿望和追求。而撰写中国通史之艰难，梁启超、顾颉刚、范文澜等都从不同的角度提出了自己的认识。20世纪20年代梁启超指出："总史"的成功，需要几十人分头进行研究，经过"横集"和"纵集"，然后汇集起来，才有可能成功（梁启超《中国历史研究法补编》，商务印书馆，1934年，第49

页）。梁启超在这里说的"总史"就是通史:"横集"指内容而言,"纵集"指时代而言。就研究和撰述来看,梁启超所论是中肯的。

20世纪40年代,顾颉刚在评论"当代中国史学"的时候,就"通史的撰述"写道:"中国通史的写作,到今日为止,出版的书虽已不少,但很少能够达到理想的地步。"(顾颉刚《当代中国史学》,辽宁教育出版社,1998年,第77~78页)顾颉刚对吕思勉《白话本国史》和《中国通史》的推崇,是值得人们注意的。同时,他还指出了一般性的通史所存在的问题,即"多属千篇一律","条列史实,缺乏见解;其书无异为变相的《纲鉴辑览》或《纲鉴易知录》之类,极为枯燥"等,确是编撰通史应竭力避免的弊端。

从50年代至60年代,范文澜对其撰写《中国通史简编》的情况进行反思,在1963年写定《关于中国历史上的一些问题》一文,深化了对于中国历史的认识,也对如何编写中国通史作了一个总结。他在此文的最后写道:"通史的工作是这样的艰难,要认真做好通史,就必须全国史学工作者很好的组织起来,分工合作,或研究断代史,或研究专史,或研究少数民族史(没有少数民族史的研究，中国历史几乎无法避免地写成汉族史），或研究某一专题，局部性的研究愈益深入，综合性的通史也就愈有完好的可能。以局部性的深入研究来帮助综合性的提高，以综合性的提高来催促局部性的再深入，如此反复多次，庶几写出好的中国通史来。"（《范文澜历史论文选集》，中国社会科学出版社，1979年，第77页）范老的这些话，把编著中国通史的艰巨性和必要性都阐述得十分清晰，也给编著中国通史提出了更高的要求。

与此同时，翦伯赞根据1961年全国文科教材会议制定的计划，主编《中国史纲要》，作为高校文科教材。其间，他关于如何处理历史上的各种问题有非常深入的思考，提出了许多创见，并于1963年发表了《对处理若干历史问题的初步意见》这一名篇（见《翦伯赞史学论文选集》第三辑，人民出版社，1997年，第59~74页），就如何处理历史上的阶级关系、民族关系、国际关系，怎样对待发展观点、全面观点以及人民群众和历史人物等问题作了精辟论述。此文可以看作是60年代关于如何研究和撰写中国历史的经典之作。

可以认为，经过五六十年代的反思、探索和积累，关于中国通史的编撰正逐步走向更高层次的认识水平和学术境界。然而，"文革"的十年浩劫，史学家们关于中国通史的研究和撰写都被迫停顿下来。翦老、范老相继去世，郭老主编的《中国史稿》也不得不中止。20世纪中国史学家关于撰写中国通史的追求受到严重的挫折。正是在这艰难的岁月里，白寿彝先生开始酝酿关于中国通史的撰述工作。

神圣的历史使命

这里，我们要进一步考察白寿彝先生主持编撰中国通史的直接动因。白先生撰写中国通史的动因萌生于20世纪60年代，而在70年代升华为一个坚定的信念。他在人们为他举行的九十华诞的庆祝会上又一次讲到了这个问题，他说："多卷本的《中国通史》的完成和出版，确实让我感到很激动。想起在1962年巴基斯坦史学会召开的国际学术讨论会，那是在解放后我国第一次被邀参加的国际学术会议。在会上，中国代表第一个宣读了学术论文。巴基斯坦的学者说，过去我们讲历史以欧洲为中心，现在我们要以东方为中心，用的教材是日本人编的。他们希望看到新中国史学家编出来的教材。1974年我们又一次访巴，对方用的教材是林语堂编写的课本《我们的国家、我们的人民》。他们仍然没有看见新中国的作品。这两次访问，外国朋友对中国文化、对中国历史是这样重视，我感到吃惊，同时也为没有写出一个字而感到惭愧。从那时到现在，二十多个年头过去了，我们终于写出了自己的通史，终于可以宣布，我们有了新中国的历史书了。"（《白寿彝教授在大会上的讲话》，《史学史研究》1999年第2期）从这里我们可以看到，一种什么样的历史条件，使他深感编撰一部完整的、能够满足外国学者要求的中国通史，是多么重要、多么紧迫。他还联想到，1972年，周恩来总理在全国出版工作会议上提出编写中国通史的任务。唯其如此，他深深感受到一个史学工作者的神圣使命和庄严责任。

1975年，白寿彝先生在十分艰难的条件下，约请一些同行，开始了研究、编撰工作。从1977年至1979年，历时两年，白寿彝先生主编的小型中国通史即《中国通史纲要》完稿，并于1980年11月由上海人民出版社出版。按原先的设想，《中国通史纲要》一书是由外文出版社出版，面向外国读者，因此在写法上多有独特之处。不料上海人民出版社先行出版中文版后，立即受到社会的关注。到

2001年，此书已印刷29次，累计印数达96万余册。目前已经出版的外文本有英、日、德、法、世界语等七八种版本，在国外也拥有广大的读者。

《中国通史纲要》的中文版是一本只有30万字的著作。它在学术上和撰述上的成功，最重要的一点，是恰当地把科学性和通俗性结合起来。白先生在谈到编撰《中国通史纲要》的体会时，有这样一些认识：

《中国通史纲要》是一本通俗的历史读物。所谓"通俗"，我们的理解是：第一，一般读者能够看得懂，容易理解。第二，历史专业工作者也可以读，而且在读了之后能够得到一些新的收获。这样想，这样做，使我们参与编著工作的同志都增强了事业心和责任感。在这个思想的指导下，我们在编著《中国通史纲要》的过程中力求做到这样几点：

（一）把问题阐述清楚，凡笼统的概念、词句以及陈言滥语，一概不写入本书。我们认为，这是通俗读物的一个首要条件。

（二）不求面面俱到，而是立足于构思全书的体系，勾画出历史的轮廓，写出主要的问题。我们认为，通俗历史读物的另一个要求是轮廓鲜明，重点突出。《中国通史纲要》共有十章七十二个标题。可以说，每一个标题都是重点。尽管这样，我们还是努力在这些问题中突出那些应当特别注意的问题。

（三）在文字表述上努力做到明白、准确、凝练。这是通俗读物在文字上的要求。为了达到这一要求，我们在编著《中国通史纲要》时，一般不引用马克思主义经典作家的原话，而是在叙述之中贯彻以马克思主义理论作为指导的原则。而在文字表述上除了力求明白、准确、凝练之外，还要争取给人们以科学的结论。在这方面，我们也颇费斟酌。从历史工作者的责任来说，我们写出书来，不应仅仅是为了给历史工作者们看，而应是写给全体人民看的，这样才能充分发挥史学工作在教育上的作用。编著《中国通史纲要》这样的通俗读物，对专业工作者来说，也是一个提高。本书从初稿到定稿，几乎全部改过。例如，仅《叙论》一章提出的地理、民族、年代三个方面的问题，就反复考虑了好几年才落笔的，而落笔之后又修改了多次才定下来的。把学术文化置于政治之后来写，把科学技术的发展和生产力的发展放到一起来表述，也是几经摸索才确定的。至于封建社会内部的分期，以及显示各个时期的阶段性的标志和特点，更是经过长时间考虑、多次改写才达到目前这个样子。其中甘苦,可以说是一言难尽(白寿彝《编著〈中国通史纲要〉的一点体会》。瞿林东执笔,《书林》1982年第3期)。

本文之所以要如此详尽地论及《中国通史纲要》,一方面在于它产生了重大的社会影响,这一影响还在较大的范围波及海外;另一方面在于它反映了白寿彝先生对把握中国历史整体面貌之认识上的积极成果。1977年,他发表了长篇演讲《关于中国封建社会的几个问题》,其中讲到“中国历史上的国土问题,或者说是中国历史上的疆域问题”“中国封建社会发展的阶段问题”“中国封建社会史上统一和割据、集权和分权”等问题。1978年,他发表了《中国历史的年代:一百七十万年和三千六百年》,对中国历史发展的过程和阶段划分作了论述。此外,他还发表了两篇论纲式的短文,一是《关于中国封建社会的发展》(1984年),一是《说豪族》(1987年)(以上四文,参见《白寿彝史学论集》上册,北京师范大学出版社,1994年,第1~45页)。

白先生非常重视这几篇论文,他在《白寿彝史学论集·题记》中写道:“封建社会史在中国历史上占了很长的时期,对中国社会的发展有很重要的影响。封建社会的特点，在中国近现代历史里，应或多或少地保持着传统的地位。研究中国历史，一般地说，不能不研究中国封建社会史。现在，我把关于封建社会的几篇文章，也收到这里。《中国历史的年代》一文，是我对于中国社会发展及轮廓之总的看法，其中关于封建社会也写得比较多些。在《中国通史纲要》和《中国通史》第一卷里都写入了这篇文章，只是文字上有小的修改。现在也把它收在这里，以便接触到更多的读者，增加向大家请教的机会。"这一段简要、平实的文字，给人们留下很多的思考与回味：怎样看待中国历史？怎样撰写中国通史？为此，白寿彝先生殚精极思，在前人的基础上，提出了自己独到的见解和有系统的认识。

《中国通史》的成就

《中国通史纲要》的完成，也是多卷本《中国通史》撰述的起点。白先生决心编撰一部大型《中国通史》。值得注意的是：1979年，白寿彝先生度过了他的七十岁生日。一个学者，已经走过了七十年的人生道路，他还能实现这个宏伟的愿望吗？这不能不说是一个严峻的挑战。

白寿彝先生以其神圣的历史责任感和豁达、开朗的性格，平静地回答了这个挑战。他说出了一句极为平实却又极不平凡的话："我七十岁才开始做学问。"这句话包含两层含义。一层含义是，他对中国进入了新的历史时期，感到欢欣鼓舞；又一层含义是，学无止境，以往的治学所得及种种成就，不过是为了新的攀登所作的积累而已。白寿彝先生是一位学识渊博的历史学家，他在七十岁以前在中国思想史、中国交通史、中国伊斯兰教史、回族史、中国史学史等诸多研究领域均有建树。现在，他把这些都看作是新的起点的准备。"七十岁才开始做学问"，这是时代的感召和学者的勇气相结合而生成的一种思想境界。在全国许多史学工作者的热情支持之下，白先生集众多史学名家的智慧和卓见，历时二十年之久，终于完成了这部世纪性的史学工程：多卷本《中国通史》。

《中国通史》是一部巨著，它的主要成就是：

（一）鲜明的理论体系。《中国通史》以唯物史观为指导，结合中国历史进程的实际，在深入研究的基础上，创造性地提出了关于中国历史发展的一些十分重要的理论认识。这些认识贯穿于全书之中，而在《导论》卷作了系统的和充分的阐述。《导论》包含九章，阐述了以下问题：统一的多民族的历史；历史发展的地理条件；人的因素，科学技术和社会生产力；生产关系和阶级关系；国家和法；社会意识形态：历史理论和历史文献；史书体裁和历史文学；中国与世界。对这些理论问题，《导论》卷都是以唯物史观的基本原则为指导，从中国历史和中国史学的发展中总结出来并加以阐述的。《导论》卷注重讲理论而不脱离史实，举史实而提升到理论。因此，读来容易理解而多有启发。如：

——关于中国历史上的统一问题。《导论》指出：统一的多民族国家是逐渐形成起来的。提出了统一的四个类型的论点，即单一民族内部的统一，区域性多民族的统一，全国性多民族的统一和社会主义的全国性多民族的统一。

——关于历史分期问题。《导论》指出：分期问题的讨论不要局限于中原，要努力在全国范围内考察，应当从社会发展的不平衡的状态上掌握一个时期的整体性。提出了封建社会可以分为四个时期的见解，而分期的标准，应当考察生产力的发展、地主阶级身份的变化、农民阶级身份的变化、少数民族地区和广大边区的发展变化、中外关系的变化等综合考察的标准。

——关于地理条件与历史发展问题。《导论》提出了中国地理条件的特点及其与中国历史发展的关系的理论认识，即：地理条件的复杂性和经济发展的不平衡性，地理条件之局部的独立性和整体的统一性及其与历史上政治统治的关系，地理条件与民族、民族关系，地理条件的变化及其对社会的影响。

——关于生产者、科学技术和社会生产力问题。《导论》突出了直接生产者在社会生产力发展中的作用，提出了中国历史上的直接生产者在不同时代的不同特点；把科学技术作为生产力的一个方面看待，把科学技术和生产力问题作为中国历史之基本理论看待。

——关于生产关系、阶级结构问题。《导论》提出了封建社会中多种生产关系的并存、封建社会阶级结构的等级以及地主阶级在封建社会的社会矛盾之中居于主要的矛盾方面的论点，并把世家地主、门阀地主、品官地主、官绅地主视为封建社会中地主阶级变化的四个阶段。

——关于国家职能问题。《导论》全面阐述了国家职能，即国家不仅具有统治职能，还具有社会职能；认为简单地把剥削阶级掌权的国家看成是一无所取，是不符合历史情况的。

——关于中国与世界问题。《导论》阐述了中国历史发展之连续性的两个主要方面，一是中国作为一个政治实体在其发展过程中未曾为外来因素所中断，二是中国文明在文化发展上也未曾有断裂现象；同时阐述了中国史在世界史中的重要性。

以上几个方面，都程度不同地显示了本书在理论上的创新，显示出对中国历史的深刻理解。

（二）内容丰赡，资料翔实。《中国通史》包含经济、政治、民族、军事、文化、中外关系、历史人物等多方面内容，史料翔实，读来使人产生厚实、凝重之感。尤其应当提到的是：它把各少数民族的历史都放在中国历史进程的大背景下加以阐述，充分肯定前者在后者之中的重要位置，充分肯定多民族共同创造中华文明的历史业绩；它把科学技术同生产力的发展状况结合起来阐述，反映出科学技术在推进生产力发展方面的重要作用；它展现出从先秦至近代各个历史时期的人物群像，使中国历史更加生动、更加引人入胜地反映在读者面前。如第十二卷"近代后编"传记部分，就写出了五十多人的传记。至于资料的翔实，各卷都很突出，同时也各有特点。以第八卷"元时期"为例，其"序说"部分凡八章，依次是：汉文资料；蒙、藏、回鹘文资料；国外资料（含波斯文资料、阿拉伯文资料、欧洲文字资料、亚美尼亚文资料、叙利亚文资料、俄日文资料）；明清两代的元史著述；20年代以后元史研究的进步；新中国成立以来的蒙元史研究；国外的蒙元史研究；本书编写旨趣。这240页的文献概述足以表明本书编撰的坚实的史料基础。有的学者读后，赞叹不已。

（三）体裁新颖而具有民族风格。白寿彝先生是研究中国史学史的著名学者，他吸收了中国古代多种史书体裁的形式，并以新的历史观念、新的认识水平，制定了一种"新综合体"用于《中国通史》的编撰。全书除第一、二卷外，其余十卷都各包含四个部分：甲编为序说，阐述有关历史时期的历史资料、研究状况、存在问题和本卷撰述旨趣。乙编为综述，阐述有关历史时期的政治、军事、民族等方面的重大事件，勾勒这个时期历史进程的轮廓，便于读者明了历史发展大势。丙编为典志，阐述有关历史时期的各种制度及相关专题，丰富读者对"综述"部分的认识。丁编为传记，记述有关历史时期的各方面代表人物，展现"人"在历史运动中的能动作用和历史地位，进一步丰富了读者对"综述"和"典志"的认识，从而增强了历史感，所生兴味更加浓厚，所得启示更加深刻。概括地说，"序说"是研究的起点、撰述的基础，"综述"是纲，"典志"是目，纲举目张，而"传记"则是贯穿于纲目之间的主体。这不仅给人以耳目一新之感，更重要的是使人对中国历史可以有一个全局的、立体的、动态的认识。白寿彝先生创立这种"新综合体"反映了他对历史的深刻认识。1981年，他在讲到"史书的编撰"时说："历史现象是复杂的，单一的体裁如果用于表达复杂的历史进程，显然是不够的。断代史和通史的撰写，都必须按照不同的对象，采取不同的体裁，同时又能把各种体裁互相配合，把全书内容融为一体。近些年，也许可以说近几百年，我们这个传统没有得到很好的发扬，因而我们的历史著作，在很大程度上不能表达更为广泛的社会现象。就专门史来说，体裁的问题，比写通史要简单一些，但单一的形式还是不行的。今天我们要采用综合的体裁来写历史，不止是要吸收古代历史家的长处，还应该超过他们。"（《白寿彝史学论集》上册，北京师范大学出版社，1994年，第525页）可见，《中国通史》所采用的体裁，就是上述认识在历史编撰上的一次成功的实践。

（四）反映了最新的学术成就。《中国通史》各分卷主编，多是有关研究领域的著名学者，而他们又约请了许多专史研究的学者参与撰述。《中国通史》的编撰有五百多位作者参与，可谓人才之荟萃，史识之检阅，故在学术水平上反映了20世纪八九十年代的最新成就。如第一卷《导论》对有关理论问题所作的系统论述，是目前关于中国历史之理论认识的最有分量的著作。如第二卷《远古时代》，吸收了20世纪以来考古发现的重要成果，重构了中国远古时代的历史，是历史研究同考古研究相结合的最重要的成果之一。又如各卷的"序说"，是学术性极为突出、要求十分严格的一项内容，撰述之难可以想见；《中国通史》第三卷至第十二卷对此都有独到的阐述，具有很高的学术史价值。再如各卷"综述"对大事的提纲挈领，"典志"对专题的钩稽爬梳，"传记"对历史人物的抉择去取和描述评论等，许多地方都反映出著者的卓识。举例来说，第四卷对秦汉社会形态的深入分析，显示了本卷的突出成就，尤其是"对秦汉阶级结构和土地所有制等级特点的分析，是本书的一大特色，也是全书最精彩的部分之一"（林甘泉《继承·探索·创新——读〈中国通史〉第四卷》，载《史学史研究》1997年第2期）。与此相类似，第五卷的《典志编》有专章论述"门阀制度"，"取得一系列重要的成果"，阐明"中国中古的门阀制度，整个看来，最主要的特征在于按门第高下选拔与任用官吏；至于士族免徭役，婚姻论门第，'士庶之际，实自天隔'等特征，都是前者派生出来的"（陈琳国《写出三国两晋南北朝的历史特点和历史地位——多卷本〈中国通史〉第五卷读后》，《史学史研究》1997年第3期）。第九卷中关于"阶级结构"一章，也被认为是"较有理论水平的论著"，它阐明了"明中叶以后社会的变化是人们对旧的社会等级观念的变化，而不是等级社会结构的根本改变"（习之《读〈中国通史·明时期〉卷》，载《回族研究》1999年第3期），这对认识明代社会面貌是很重要的。第七卷关于统一的多民族国家的历史在撰述上的处理，也颇具新意且有深刻内涵。本卷包含五代、辽、宋、夏（西夏）、金各朝，是一个多民族活跃的时期。著者遵循这一撰述思想："撰写统一的多民族国家的历史，还是要把汉族的历史写好，因为汉族是主体民族。同时，也要把各民族的历史适当地作出安排，这是我们必须尽量克服的难点。"（陈振《谈谈白寿彝先生史学思想中的民族平等思想——主编〈中国通史〉第七卷的一点体会》，《史学史研究》1998年第4期）本卷的撰写，在这方面作出了可贵的努力。凡此，不一一枚举。

《中国通史》的价值

《中国通史》具有重要的学术价值和社会价值，对此，我们至少可以从两方面去估量，一方面是政治家的评价，一方面是史学家的评价。江泽民同志致白寿彝教授的信，鲜明地表达了政治家的评价，他写道：

> 您主编的二十二卷本《中国通史》的出版，是我国史学界的一大喜事。您在耄耋之年，仍笔耕不辍，勤于研究，可谓老骥伏枥，壮心未已。对您和您的同事们在史学研究上取得的重要成就，我表示衷心的祝贺！
>
> 以史为鉴，可以知兴替。中华民族历来重视治史。世界几大古代文明，只有中华文明没有中断地延续下来，这同我们这个民族始终注重治史有着直接的关系。几千年来，中华文明得以不断传承和光大，一个重要原因就是我们的先人懂得从总结历史中不断开拓前进。我国的历史，浩淼博大，蕴含着丰富的治国安邦的历史经验，也记载了先人们在追求社会进步中遭遇的种种曲折和苦痛。对这个历史宝库，我们应该运用历史唯物主义的观点不断加以发掘，在前人研究的基础上不断作

出新的总结。这对我们推进今天祖国的建设事业，更好地迈向未来，具有重要的意义。

中华民族的历史，是全民族的共同财富。全党全社会都应该重视对中国历史的学习，特别是要在青少年中普及中国历史的基本知识，以使他们学习掌握中华民族的优秀传统，牢固树立爱国主义精神和正确的人生观、价值观，激励他们为中华民族的伟大复兴而奉献力量。我一直强调，党和国家的各级领导干部要注重学习中国历史，高级干部尤其要带头这样做。领导干部应该读一读中国通史。这对于大家弄清楚我国历史的基本脉络和中华民族的发展历程，增强民族自尊心、自信心和奋发图强的精神，增强唯物史观，丰富治国经验，都是很有好处的。同时，我们也要学习和借鉴外国历史。历史知识丰富了，能够"寂然凝虑，思接千载"，眼界和胸襟就可以大为开阔，精神境界就可以大为提高。我提倡领导干部"讲学习、讲政治、讲正气"，而讲政治、讲正气，也是要以丰富的历史知识作基础的。

我相信，这套《中国通史》，一定会有益于推动全党全社会进一步形成学习历史的浓厚风气。(《史学史研究》1999年第3期)

这里引用了信的全文，读者从中可以看到：江泽民同志热情赞扬了白寿彝教授的史学工作，对中国史家的治史传统给予了高度评价，对中华民族的历史及其在当前历史运动中的伟大意义作了精辟的论述，对《中国通史》出版的重大社会意义作了充分的肯定。我们相信，随着时间的推移，这封信的理论意义和现实意义必将更加突出地显示出来。

作为一部历史巨著，《中国通史》同许多鸿篇巨制一样，或许还存在一些不足之处，甚至也难免有个别的讹误，但它的成就、价值和影响，却是目前无可替代的。可以相信，它将愈来愈受到人们的重视。对此，史学家们已有许多评论见诸报刊和专书。戴逸教授在祝贺《中国通史》全部出版的大会上指出："白老是老一辈史学家，现已九十高龄，可说是鲁殿灵光，岿然屹立，是我们的表率。尤其令我们钦佩的是，以九十高龄完成《中国通史》巨著。这是一部空前的巨著，是20世纪中国历史学界的压轴之作。这是白老心血所萃，是对学术界的重大贡献，是他献给本世纪的珍贵礼物。"戴逸教授强调《中国通史》在撰述上"最全面、最详尽、最系统，是真正的通史"（许殿才《七十年心血铸就的丰碑——"祝贺白寿彝教授从事学术活动七十周年暨多卷本〈中国通史〉全部出版大会"侧记》，此文还记有何兹全、王钟翰、齐世荣、金冲及教授等诸位史学家对《中国通史》的评论，《史学史研究》1999年第3期）。《中国通史》在这方面的价值，在中国史学的发展上，将长久地发挥出它的积极作用。

白寿彝先生总主编的《中国通史》是一座史学丰碑，是20世纪中国几代史学家编撰中国通史的总结性和创造性结合的巨著，它开辟了21世纪中外读者认识中国历史和中华文明的新途径。

（原载《光明日报》2002年9月4日）

古代政治人物的肖像画
——评《读史集》评价历史人物的方法

　　"人的本质并不是单个人所固有的抽象物。在其现实性上，它是一切社会关系的总和。"——马克思《关于费尔巴哈的提纲》

　　马克思的这两句话，是我们研究和评价历史人物的总的原则。但是，历史现象纷繁复杂，历史人物千差万别，怎样才能根据马克思的这一原则，透过纷繁复杂的历史现象，勾勒千差万别的历史人物的面貌，揭示其所反映的历史的本质，这是史学工作者时时感到繁难、棘手的课题。在这方面，何兹全先生的论文集《读史集》（上海人民出版社，1982年），给我们提供了很有启发的尝试。

　　《读史集》里有一组评价历史人物的文章，它所评价的大多是政治人物：项羽、司马迁、曹操、袁绍、司马懿、符坚、王猛、文明太后。这些人物所处时代不同,在历史上所起的作用也有很大的差别,这是人们都熟知的。然而,究竟如何捕捉他们各自的特点,绘出一幅幅各具个性的肖像画,却并不那么容易。那么,《读史集》的作者是怎样来评价这些历史人物的呢?

他们站在一个时代的终点上

作者评价司马迁和项羽,是把他们作为一个特定的历史时代的"结束人物"来看待的:项羽是古代贵族在政治方面的结束者,司马迁是古代贵族在意识形态方面的总结者。在作者看来,司马迁和项羽都是站在一个时代的终点上的人物。

在《史记·项羽本纪》里,项羽是一个叱咤风云、气概豪迈的英雄,但却又是一个失败的英雄。对于这样一个人物,司马迁的笔墨是饱含着同情、赞扬之情的,就连项羽最后兵败垓下、自刎乌江的结局,也被写成了英雄、悲壮的场面。这些,凡读过《史记·项羽本纪》的人,都是知道的。但《读史集》作者的深意在于,他在这里问自己、同时也向读者提出一个问题:"司马迁对项羽为什么这样有好感呢?"当然,对于这个问题的答案可能不止一个。从作者的观点来看,"这是有其阶级基础的"。他认为:西周春秋时期是世袭贵族统治的时代;战国时期,这种世袭贵族统治的政权动摇了;而秦的统一,宣告了这种政权的基本结束。但从项羽在秦汉之际的活动来看,中国历史上世袭贵族统治的最后结束人物应该说是项羽。这是一方面。另一方面,作者认为:战国时期,是学术思想上百家争鸣的时代;秦始皇焚书坑儒,给人以错觉,似乎百家争鸣局面就此结束了,其实古代学术思想上百家争鸣局面的真正结束,是汉武帝时代。

由于作者在中国古代史分期问题上持汉魏之际封建说,他对司马迁和项羽的评价,是跟他的上述观点相一致的。但我仍然认为,作者这样来评价司马迁和项羽,还是使人深受启发的。这就是:在研究和评价历史人物的时候,应较多地注意到那些站在一个特定时代的起点或终点上的历史人物;因为通过对这些人物的研究和评论,可以帮助我们对这些人物所代表的那个时代作出更深刻、更细致的总结。

还有一点是应当指出来的:作者还讲到了项羽和司马迁的不同之处。项羽是一个"至死不悟"的英雄。司马迁则不然，尽管他"不喜欢秦始皇和汉高祖刘邦，他……却不是一个老顽固。他是既感伤过去，又看见未来。他的思想认识，使他成为一个进步的人物，有人民性的人物"。作者的这一段话，是否包含着向读者的一种暗示，即中国古代史家司马迁跟法国近代作家巴尔扎克有某些相似之处呢？作者并没有明说，这只是我根据作者的看法而产生的一点联想罢了。

从时代特点看历史人物

如果说，作者看待司马迁和项羽，着重是从一个时代的兴衰过程去评价他们的话；那么，作者评价曹操和司马懿，则着眼于从一个时代的特点去看待他们。这是作者评价历史人物的又一种方法。

作者认为："曹操所处的时代是中国社会由奴隶制进入封建制的时代"，"曹操这个人物，是充满矛盾的。他是治世的能臣，又是乱世的奸雄。他最奸诈，却又最有大信。他最能杀人，却又最能不杀人"。可见，作者是竭力要从时代新、旧矛盾的激烈冲突中来把握曹操这个人物的。换言之，曹操身上所反映出来的这些矛盾，是可以从当时的阶级斗争和统治阶级内部各种政治力量的较量中得到说明的。而尤其值得注意的是：作者在评价曹操时，并不是对他身上所反映出来的矛盾都作同等的看待，而是在这些矛盾中抓住主要矛盾，进而通过对主要矛盾的分析来估量曹操的历史地位。作者指出，统一和分裂的矛盾，"这是集中在曹操身上的许多矛盾中的主要矛盾，最能反映时代的矛盾。这是曹操的矛盾，也是历史的悲剧"。为什么说统一和分裂的矛盾是集中在曹操身上的主要矛盾呢？作者是从曹操在经济上采取恢复生产的措施所造成的积极效果，跟他在政治上要求统一、继承秦皇汉武集权政治的不现实性，来说明这个问题的。作者的这个看法，无疑是有一定道理的。以我之见，说统一和分裂的矛盾，"最能反映时代的矛盾"，这是完全正确的；但要说"这是曹操的矛盾"，就有点让人费解了。因为：曹操"要求统一"，而这种要求"在当时却是不现实的"，这是主观愿望跟客观形势之间的矛盾，并不是曹操自身的矛盾。也是基于这种认识，是否不一定把曹魏政权竟为司马氏政权所取代看作是"历史的悲剧"，而把它看作是曹魏政权的悲剧。我的这一点认识，不一定对；即或有点道理，也无碍于作者力图捉住历史人物身上的主要矛盾来评价历史人物这一方法的正确性。

作者评价司马懿，是把他放在魏晋之际集权和分权的激烈斗争中加以考察的。在考察中，作者没有把自己的注意力放在对司马懿个人特性如猜忌、残忍进行分析上，而是着力剖析他所代表的分权势力、他所制订的政策以及他的遵循这些政策的儿孙们的政治活动对历史发展的影响。学术界对司马懿的评价存在着不完全相同以至完全不相同的看法，《读史集》作者着重从集权和分权的矛盾斗争中、从比较长的历史发展潮流中来评价司马懿，可以促使人们对这个历史人物的进一步思考。

统一和分裂的矛盾，集权和分权的矛盾，反映了曹操、司马懿所处时代的特点。作者通过把握时代的特点来评价历史人物的方法，是值得重视的。

于叙事之中评论人物

作者论袁绍，采用另外一种方法，即于叙事之中评论人物的方法。《读史集》中的《官渡之战》一文，写得很精彩。它是在写这次著名的战役，同时也是在写袁绍这个人；它一方面是从正面写袁绍，另一方面它也往往用写曹操来衬托袁绍。此文收进《读史集》时，被列于评论人物一类文章中，足见作者之深意。

作者通过写官渡之战来评价袁绍，在方法上可以概括为以下四点：

第一，作者抓住了袁绍在政治上、军事上失败的主要关键——官渡之战，来评价这个人物。因为这次战役是造成曹操统一北方、袁绍由强变弱以致最后失败的转折点。正是在这样的转折关头，最容易把握历史人物的各种特征。

第二，作者评价袁绍这个人，首先是借他人之口来进行的。例如，作者在分析了袁、曹的主观、客观形势之后，分别借荀彧、郭嘉、杨阜、曹操之口，剖析了袁绍这个人，比较了袁、曹形势，预见了曹必胜袁的结局。荀彧认为，曹操跟袁绍相比，有"四胜"："度胜""谋胜""武胜""德胜"。郭嘉说曹有"十胜"，袁有"十败"。杨阜说："袁公（绍）宽而不断，好谋而少决……终不能成大业。"曹操更是了解"绍之为人志大而智小，色厉而胆薄"。作者未置一辞，袁绍其人其貌已跃然纸上。这很有一点太史公笔法的味道。

第三，作者在写官渡之战中写袁绍，是随着战事的发展而不断加深的。他首先写了袁绍在官渡之战前先已"失了两着"：一是未乘曹操东击刘备时，出兵袭击曹操后方；二是刘备兵败后，拒绝田丰、沮授关于对曹操先礼后兵的正确建议，反而出兵黎阳，以求速战，企图一举击败曹操。继而写官渡之战中，曹操以"分其势"的策略解白马之围，袁绍果然就范；接着延津一战，曹操又以辎重"饵敌"，大败袁军，说明袁绍的治军无方。最后，写袁绍在屡屡受挫的情况下，仍不悔悟，再一次拒绝沮授"宜徐持久，旷以日月"的建议，而坚持在官渡同曹操决战。结果先后两次粮草辎重被曹军所袭，特别是乌巢粮谷的被焚毁，进而引起袁绍集团的分化，导致袁绍在官渡之战中的完全失败。这就彻底暴露了袁绍刚愎自用、固执己见、不善用人纳谏的弱点。

第四，作者在评论袁绍时，几乎在每一重要问题上，都采用以曹操跟袁绍相对比的方法进行衬托，这就把袁绍写活了，同时也增加了作者对他的评论的分量。例如在用人纳谏方面，曹操、袁绍二人截然不同：袁绍先后拒绝了田丰、沮授、张郃的正确建议，一意孤行，造成了最后的败局；曹操在关键时刻，采纳荀彧的主张，终于击败袁绍。此外，他们在谋划、决断等许多方面，也都有很大的不同。这样，在读者看来，袁绍的失败，的确是不可避免的。评论人物能收到如此的效果，没有作者这样的功力是不行的。

拂去他们面目上的历史灰尘

历史上有些政治人物，因为种种原因，常常被一些历史灰尘蒙住真相，使人看不清他们的面目。十六国时期的苻坚和北魏的文明太后，就是这样的政治人物。作者在评价他们的时候，意在拂去这种历史灰尘，使他们的真面目得以显现出来。

作者申明，他是受到范老（文澜）对苻坚、王猛评论的启发，因此做了《苻坚和王猛》这篇文章的。在这篇文章里，作者笔下的苻坚，比我们通常所认识的苻坚要丰满得多，充实得多。比如，苻坚提倡儒学，兴办学校，注意选拔人才，重视恢复和发展农业生产，等等，这是许多人都已经注意到了的。我认为，作者着重指出的如下事实，是评价苻坚这个人物时应予以特别重视的一个方面，这就是："两晋南北朝隋唐时代，是中国民族大融合的时代。在融合过程中，有人起了推动的作用，有人起了阻碍的作用。其中，前后有三个人是起了较大推动作用的，就是苻坚、魏孝文帝和唐太宗。这三个人中，魏孝文帝对民族融合起的作用比较显著。唐太宗则是收民族融合的功实的人"。而苻坚，无愧是在这时期民族融合过程中起了"倡导作用"的"先驱人物"。尤其值得重视的是，作者认为：苻坚的"混六合以一家，同有形于赤子"的思想，与后来唐太宗的"自古皆贵中华、贱夷狄，朕独爱之如一"的思想是一脉相承的。作者的这些看法，是从把握民族融合这一基本的时代特征出发，把苻坚、魏孝文帝、唐太宗放在历史的联系中进行考察而形成的。这不仅符合历史事实，而且在很大程度上突出了苻坚的历史地位。因此，作者的这些看法，对于进一步研究和评价苻坚无疑是很有参考价值的。

如果说，作者主要是采用对历史的联系进行考察的方法，拂去蒙在苻坚面目上的历史灰尘的话；那么，他在评价北魏文明太后（冯太后）的时候，主要则是采用列举事实和揭示事实真相的方法，从而拂去蒙在她面目上的历史灰尘。作者指出一个简单的、但却不容忽视的事实：孝文帝即位时还不满五岁，文明太后以太皇太后临朝称制，直到太和十四年（490）她身死；因此，"太和十四年以前，孝文帝是不掌握政权的，事无大小，皆由太后决定。只是在文明太后死后，从太和十四年到太和二十三年这十年间，孝文帝才'躬总大政，一日万机'。"作者根据确凿的材料，认为：均田制、三长制等重要改革措施，都是在文明太后主持下进行讨论并经她最后裁决而施行的。不仅如此，就连孝文帝亲政后实行的汉化政策，也是一方面得益于他自幼受到文明太后的汉族文化传统的教育，另一方面得益于太和七年（483）文明太后下诏禁止拓跋族同姓为婚的措施——作者认为这是"孝文帝后来汉化政策的先声"——的启示。作者的这些看法，我认为都是正确的。前几年，我在讲授中国古代史的过程中，曾经反复向学生阐述这一见解：北魏在5世纪末叶的政治改革，应该称作"冯太后—孝文帝改革"。同时，我还把《魏书》卷一三《文成文明皇后冯氏传》、《北史》卷一三《文成文明皇后冯氏传》印发给学生，丰富他们对于这位女政治改革家的认识。《读史集》出版后，读了何先生评价文明太后的文章，我越发感到应该在大、中学校的中国古代史教材上，明确提出"北魏冯太后—孝文帝的政治改革"这一历史命题，给这位女政治家以适当的历史地位。

作者对苻坚和文明太后的评价，给了我们一个启示：

评价历史人物，固然要注意到那些历来被人们所重视的人物，但对于一些被历史灰尘蒙住面目，因而很少甚至不为人们所注意的人物，也要给予一定的重视，做一些拂去历史灰尘的工作，让读者能够认识更多的历史人物的真面貌。这不止是一个方法问题，同时也是一个见识问题。因为要做好这种工作，一则要有足够的史识，再则也要有敢于提出创见的勇气。没有这两条，要么是看不见历史的灰尘，要么是看见了，也不敢去拂一拂的。

何兹全先生有数十年的治史经验，是目前我国历史学界专攻魏晋南北朝史的老一辈学者之一。他对历史人物的分析和评价，常有一些独到的见解。本文就《读史集》所列举的这几个方面，远不能概括作者评价历史人物的全部方法；但仅此而论，也是值得广大中、青年史学工作者在历史教学和历史研究中学习。

（原载《历史教学》1985年第9期）

登堂入室的门径

——《史籍举要》重版前记

柴德赓先生(1908-1970)是20世纪中国著名史家,在史学界有广泛的影响。他的《史籍举要》一书,原是一部遗稿,由作者的几位学生邱敏、胡天法、许春在等同志整理,经北京大学历史系许大龄教授审订和修补,于1982年在北京出版社出版,深受读者的欢迎和学术界的好评。近二十年来,人们还时时谈到它。北京出版社最近编辑、出版名为"大家小书"的系列著作,收入《史籍举要》一书,正是为了进一步满足广大读者关心史学、阅读史书的需要。这说明,《史籍举要》一书具有长久的学术生命。

《史籍举要》问世后,学人多有专文评价。吕叔湘先生指出,《史籍举要》全书"脉络贯通",评论"恰中肯綮","在同类书中允称上选","有志于史学的人,手此一编，费力省而得益多，登堂入室，左右逢源，对于著者一定是感激不尽的"。(《光明日报》1990年5月2日"史学专刊")从我对本书的阅读和理解来看，我认为，这些话最能反映本书的精髓，也最能反映读者的感受。

在《史籍举要》收入"大家小书"系列著作再度面世之际，北京出版社和柴先生亲属要我为本书写一篇导读性质的文字。我深感自己学力不够，难以胜任，但于情于理，却又不好推辞，乃仅就我对本书的一些认识，撰成此文，供广大读者和史学工作者参考。

一　胸中自有史书全局

《史籍举要》是柴先生的讲义手稿，是他多年治史心得的荟萃，实非一般著述可以与之同日而语。本书从讲授史籍入手，涉及史学的许多方面，进而又涉及历史评价的诸多问题。在作者这里，研究历史同研究史学是密不可分地结合在一起的。史籍、史学、历史的融会贯通，使作者所论，可以古今联系，纵横驰骋，读来视野开阔，获益良多。

这里，仅就作者对中国古代史籍的"举要"来说，可谓如数家珍，举重若轻，侃侃而谈，使听之者不知其倦。这是因为作者胸中自有史书全局，才能达到如此境界、如此效果。这主要表现在以下两个方面。

首先是选书。会通方能"举要"，博览才可善择。作者在浩如烟海的史籍中，如何"举要"，即选择哪些书予以评介，这不是一个简单数量多寡的问题，实是作者治史功力的显露。中国古代史籍，自《隋书·经籍志》史部分史书为十三类起，历代相沿，稍有损益、异同，至清代《四库全书总目》，分史书为十五类，即正史、编年、纪事本末、别史、杂史、诏令奏议、传记、史钞、载记、时令、地理、职官、政书、目录、史评。若以《史籍举要》所选之书同《四库全书总目》分类相对照，作者只选了纪传体类（即正史）、编年体类、纪事本末类、政书类、传记类、地理类等六类史书，占《四库全书总目》所分十五类的五分之二。作者略去的是有关言论、官制、目录、评论，而突出了人物、事件、政治和地理。从这个比较中，我们可以窥见作者的卓识：纪传体类、编年体类、纪事本末类、政书类四种史书，是中国古代史书中的几种主要表现形式，它们分别是于综合叙事中以人物为中心、以年代为中心、以事件为中心、以制度为中心，这是人们认识和研究历史最基本的文献；传记则是对纪传体类史书的补充，地理类史书向人们提供历史演进之地理环境和建置沿革的基本知识。这几类史书相对于其余一些类别的史书，是基础性的，是重要的。而面面俱到，则突出不了重点，甚至掩盖了重点。这个道理，是不难理解的。

当然，选书，不只是在对待史书的类别上，还进而反映在同类书中书目的选择上。作者于纪传体类史书重点讲《史记》《汉书》《后汉书》《三国志》《晋书》《魏书》《南史》《北史》《元史》《明史》等，或因其地位的特殊，或因其存在着认识上的歧异，作者格外多着笔墨。作者于编年体类史书着重论述《资治通鉴》，于政书类史书着重论述《通典》等，也是这个道理。就全书来说，作者是把重点放在纪传类史书之上，同样反映了作者在"举要"上确是经过深思熟虑而定下来的。这是因为：其一，纪传体类史书，是中国古代史书的主体，具有突出的重要性；其二，纪传体类史书是综合地反映历史，是每一个初学者应当首先学习和了解的；其三，纪传体类史书便于人们阅读，如朱熹回答学生所问读史之法时说："《通鉴》难看，不如看《史记》《汉书》。《史记》《汉书》事多贯穿，纪里也有，传里也有，表里也有，志里也有。《通鉴》

是逐年事，逐年过了，更无讨头处。"有学生问："读《通鉴》与正史如何？"他回答说："好且看正史，盖正史每一事关涉处多。只如高祖鸿门一事，《本纪》与张良、灌婴诸传互载，又却意思详尽，读之使人心地欢洽，便记得起。《通鉴》则一处说便休，直是无法，有记性人方看得。"朱熹的这些见解是有道理的。读史，先读正史，收获会更显著一些，这是正史的特点所决定的。当然，朱熹的这些话，也是从比较的意义上说的。关于读史，他有一个总的看法，这就是："先读《史记》，《史记》与《左传》相包。次看《左传》，次看《通鉴》，有余力则看全史。"（《朱子语类》卷一一）这也是先有重点而后及于一般。柴先生的选书，有不少地方同朱熹论读史相合，可见古今之通达学人，见识上多有相通之处，其间贯穿着全局和"举要"的辩证法。

其次是阐说。柴先生在阐说一些史书时，都能上下贯通，左右联系，在更深刻的意义上反映出作者胸中自有史书全局的器识。如论《史记》的价值时，作者指出："金代王若虚《滹南遗老集》中有《史记辨惑》十一卷，批评《史记》有十失，皆文章之事，大多不中要害。宋代仇思也做过一部《迁书删改古书异同》。《史记》改古书，特别是改《尚书》的语句，这没有什么不可以，但有人误会了，以为《史记》所载的就是古书原文，反以别的书中所引原是不误的为误，这是不了解司马迁著作大意的缘故。"作者对《史记》评论的研究，达到这种细致的地方，可见作者视野之恢宏。又如阐说《汉书》的优缺点时，对《汉书·古今人表》提出这样的见解："一般评论《汉书》，常以限断不明为班固缺点，如《古今人表》，但有古人，无今人，从刘知幾以来都有讥弹。顾名思义，班固应有今人表，不过论古人分为三品九等，没有问题，论汉代人也分九等，形势有所不可。如古代帝王多列八九等，那么汉代十二帝应如何安排呢？不用说班固，就是司马迁要这样做，也只好'藏之名山，传之其人'了。章学诚以为此表非出班固之手，疑为西汉学者所为，班固收入《汉书》，这出于臆想，也不是紧要问题。我们认为《古今人表》和《汉书》其他篇目一样，有些是补《史记》所不足的，流传于今天。我们从《古今人表》中可以看出当时人已把人分成九等，为后来九品中正制度先作注脚，说明源流已久。其次，这个表中不以地位定等第，而以人品分高下，反映儒家思想在封建统治时代的势力，不是没有用处的。"从这一段文字中可以看出，作者对史书的阐说是怎样同对历史的理解相联系的：从《汉书》联系到《史记》，联系到章学诚，联系到九品中正制度，联系到以人品分高下的儒家思想原则，等等。又如作者讨论《资治通鉴》，不仅对它的编纂方法有翔实的论述，而且对南宋朱熹及其门人的《通鉴纲目》、元初胡三省的《资治通鉴注》、明代严衍等人的《资治通鉴补》等都有简明扼要的评介。像这样的一些阐说，把史书与史书之间、史书与历史之间都联系起来，作融会贯通的理解，给读者的启迪、教益尤为突出。

二 整齐体例以示读史门径

《史籍举要》全书有严格的体例，这是本书一个显著的特点，受到许多读者和专业工作者的称道。作者在本书《前言》中明确地规定了撰述的体例，即："以史籍性质分类择要来讲，可分下列四个重点：（一）作者及著作时代；（二）史料来源及编纂方法；（三）优缺点及在史学上的地位；（四）注解及版本。这只是大概，具体史书，讲法可以变动，不完全以此四点为限。"这样的体例，贯穿于全书之中，而以对纪传类史书、《资治通鉴》的评介最为详备，即有明显的标目；对其他史书，虽无明显标目，但阐说之中亦遵循此例。当然，如作者所说，"具体史书，讲法可以变动"，这是既有体例，而又不为体例所拘，是对体例的灵活运用。

我要强调的是，作者为本书所制定的体例，固然是为了撰述和讲解上的方便，但更重要的是，这个体例向读者指出了读史的门径。这就是说，我们要读一部史书，进而要认识、要研究这部史书，应当从哪里入手？作者所说的上述四个方面，应视为向导和指南。举例来说，阅读《史记》，如作者所示，应注意弄清楚下列问题：（一）《史记》的作者；（二）《史记》的史料来源；（三）《史记》的编纂方法；（四）《史记》的价值；（五）《史记》的补缺问题。关于阅读《资治通鉴》，作者指出弄清以下几个问题是非常必要的，这就是：（一）《通鉴》的作者；（二）《通鉴》的史料来源；（三）《通鉴》的编纂方法；（四）对《通鉴》的评论；（五）《通鉴》胡注；（六）与《通鉴》有关的几部书；（七）《通鉴》的版本。对不同史书的评介，标目多寡并不完全相同，但体例上的要求，大致是相同的。

唐人刘知幾说过："史之有例，犹国之有法。国无法，则上下靡定；史无例，则是非莫准。"（《史通·序例》）这是强调体例对于史书的重要性。就《史籍举要》来说，其

"是非"所在，一是关乎撰述内容，二是关乎读史门径。从作者来看，是用这个体例来组织、叙述那些最必要的内容，向读者展示各种史书的风采；从读者来看，是根据这个体例规范的框架及其所展开的解说，依次走进那一部部名著。

按照我的理解和肤浅认识，这些体例的意义在于：

关于作者。了解作者，是了解有关史书的基本要求。清人章学诚说："不知古人之世，不可妄论古人文辞也；知其世矣，不知古人之身处，亦不可以遽论其文也。身之所处，固有荣辱、显隐、屈伸、忧乐之不齐，而言之有所为而言者，虽有子不知夫子之所谓，况生千古以后乎！"（《文史通义·文德》）了解作者所处的时代和作者本人的际遇，对于了解作者的撰述旨趣和撰述中的得失、特点，有直接的意义。

关于史料来源。了解一部史书的史料来源，不仅可以加深对于本书的认识，而且对于考镜源流有极大的帮助，建立起有关史料与所读史书之间的历史联系，并且可以据以判断作者对于这些史料运用的情况，以便于作出恰当的评价。

关于编纂方法。这是了解史书外部形式和内部结构的必要环节，并由此探索史书在思想和内容上的特点与成就。如作者论《史记》的编纂方法时写道："司马迁创造性地以本纪、表、书、世家和列传等五种不同的体例来记载复杂的历史事实。这种方法，便于考见各类人物的活动情况以及各类典章制度的沿革源流，开创以人物传记为中心的纪传类史书的编纂方法，成为历代封建王朝所修'正史'的典范。"这种编纂方法所形成的史书，是对历史面貌的全面反映，是人们认识历史的最重要的途径。本书作者以大部分篇幅来介绍纪传类史书，这是重要原因之一。又如作者讨论《资治通鉴》的编纂方法，首先讲到它的体例，如限断问题，长编问题，纪年问题；其次讲到它的史料，如取舍问题，异同问题，因事立论问题，全书目录问题等。作者通过对这些问题的分析，充分揭示了《资治通鉴》全书的结构及其编纂过程，有利于读者的阅读和理解。凡此，都是这个道理。

关于评价。此即作者说的"优缺点及其在史学上的地位"。这是读史的关键之处，不论是认识史书，研究史书，还是使用史书，都不可不明了它的长短得失，它在史学发展长河中起过什么作用，处于什么位置，今天有何价值等等。《史籍举要》一书，自始至终贯穿这一思想旨趣，不限于"优缺点及其在史学上的地位"这一题目之下才讲到这些内容。值得注意的是，作者在论到前人评价的同时，往往也发表自己的评价；而作者自己的评价，正反映了作者在史学方面的卓识。对此下文要作专门论述。

关于注解及版本。注解，是解读原书的工具之一，也是研究原著的重要资料；有的名注，本身就有很高价值，自也成为重要的研究对象。版本，其流传情况是了解史书的历史价值的依据之一，不同的版本还提供了研究相关史书在文献学上的种种问题，而好的版本则为读史者提供了方便。因此，版本问题也是不可忽略的。

总之，《史籍举要》之所以有一个整齐的、大致贯彻始终的体例，正是表明了作者力图向读者指出如何通向读史的门径。从专业的眼光来看，这些都是必不可少的基本功。有了这样的基本功，才有可能登堂入室，成为一个名副其实的史学工作者。

三　于评论中见卓识

柴先生在《史籍举要》中，就一些史书发表了评论。这些评论，是柴先生多年研究所得，显示出他在史学上的卓识。按照一般情况来说，他的这些见解和卓识，是可以写成专论或专书的，而作者却把它们寓于这本"举要"之中奉献给广大读者，使读过本书的人大受教益。

柴先生对史书的评论，常在历史上有争议处提出自己的独到见解。如关于范晔《后汉书》的史论，范晔自视甚高，后人有提出讽刺的，也有表示称赞的。柴先生则指出："范晔于《后汉书》各卷多数有论或序，议论有独创之见。"他举出卷十五中范晔之论不信谶文、卷十三中范晔之论批评"好巫"、卷七十一范晔之论认为曹操有"功高势强"的局面而终能代汉、卷七十九范晔之论称"群英乘其运"以表明刘汉皇朝并非不可动摇的观念等等，认为范晔在历史观点上确有高明的见解。又如李延寿《南史》《北史》在历史上也是褒贬各异，清人王鸣盛对《南史》《北史》更是完全否定。柴先生指出："王鸣盛《十七史商榷》最不赞成李延寿，几乎开口便骂。""王氏意在使人重视八代史（按：即宋、齐、梁、陈、魏、齐、周、隋等八书——引者），不可偏信延寿之书，而结果又将八代史所以残缺，归罪于李延寿作南、北史。如此论证，适足以证明延寿书必有过于八代史之处。总之，南、北史与八代史相辅两行，可以相互参证。八代史不能亡，南、北史亦不可废，具体得失，在研究南、北史事者细心分析而已。"显然，这是合乎实际的公正的评价。类似的评论，见于书中许多地方，读来都有发人深省之效。

柴先生对史书的评论，还十分注重于用历史事实本身来说明是非得失，不完全局限于文字上的论争。他评论范晔《后汉书》说："范晔作《后汉书》，从材料方面讲，有诸家《后汉书》可以参考。此外，传世史料尚多，不忧材料缺乏，这是有利条件。但诸家《后汉书》各有所长，行世已久，新编一书，欲求超过前人，也不很容易。可是，范氏书一经流行，诸家《后汉书》逐渐消歇，至于散失，可见范书必有过人之处，因而成书晚却又能后来居上。"这段话，把范晔作《后汉书》的有利条件、艰难之处及其终于为后世所承认的原因都讲到了，其评论的基点则是从历史事实出发。又如魏收《魏书》，自北齐以下至今，人们在认识上多有歧异。柴先生客观地写道："如果不是高氏父子支持魏收，《魏书》一定要被毁灭。虽然如此，魏收到后来也受到挫折，甚至北齐亡国之时，冢墓被发，弃其尸骨于外。可见当时人士怀恨魏收，欲推翻《魏书》，决不以修改本为满足，其事至明。至隋代遂有命魏澹重撰《魏书》之事。""总之，魏收书虽自北齐至唐为人所不满，但改撰之本，毕竟不能胜魏收原本。至今《魏书》长存，改撰之本仅留残简于魏收书中，也可以看出魏收书自有他站得住脚的地方。"在"二十四史"中，《魏书》是最有争议的一部书，至今仍有人以其为"秽史"的代表，究其原因，一是没有深入考察魏收作史时的社会环境，二是没有细致探究"秽史"说的由来，以至于难免人云亦云之嫌。柴先生着重从历史事实来评价《魏书》，是值得人们重视和效法的。同样，他对杜佑《通典》的评论，也能给人以这样的启迪。他写道："从杜佑当时政治地位来说，他自地方官做到淮南节度使，而淮南是当时的重镇；后来又做到宰相，当然是统治阶级中的主要人物。他对古代的典章制度有一些研究，对唐代经济制度、礼、乐、兵、刑沿革，很多是出自经历见闻，所以言之有物。另一方面，从历史的发展来看，唐朝是一个统一的封建王朝，开元天宝间，又是唐代经济政治具有相当高度发展的时期，在历史学上，已不能满足于分散的片断的记载，而是需要有系统的、全面的记载和研究了。《通典》起于古代，止于天宝，正是反映了这种时代的要求。"这一段话，写得非常平实，但把《通典》产生的主客观条件都讲到了。

通观《史籍举要》一书中作者所论，我们可以做这样的概括：第一，这些评论，对于一般读者了解、认识有关史书，无疑有直接的帮助；第二，这些评论，对于专业工作者进一步研究有关史书以至史学上的相关问题，也有很大的启发。在这方面，我们作为后学，对柴先生的史学研究和史学思想，确有加以继承、发扬的责任。

柴先生在1931–1965年期间撰写的一部分论文，经刘乃和先生整理校订，集为《史学丛考》一书，由中华书局于1982年出版，有很高的学术价值，可视为《史籍举要》（北京出版社，2002年，收在"大家小书"系列）的姊妹篇，二书参照研读，自有更多裨益。

（原载《书屋》2002年第2期）

史学怎样寻找自己
——重读金毓黻著《中国史学史》

作者题记：有位史学家用"史学要寻找自己"这句话，来强调史学工作者应当多懂得一点史学的历史，这很深刻、很形象地说明了史学史对于历史学科的重要性。作为一个中国史学史研究者，我对此表示赞同和敬意。今重读金毓黻先生于30年代撰写、40年代出版的《中国史学史》一书，深感它在"史学寻找自己"方面的草创之功，不仅未因历年久远而被淡忘，而且随着岁月的推移反使它的"草创"越发显示出自身的价位。这价值就在于，它向人们表明：史学在寻找自己的过程中，曾经有过怎样艰难而有意义的经历。

金毓黻是20世纪上半叶很有成就的史学家，以精于东北史研究、宋辽金史研究和中国史学史研究为世所重。《二十世纪中国史学名著》收入了他的《中国史学史》，这是中国史学史这门专史在开创时期的代表性著作，在40年代至60年代有一定的影响。

金毓黻，原名毓玺，一名玉甫，字谨庵；又字静庵，别号千华山民，室号静晤，辽宁辽阳人。他生于清光绪十三年五月（1887年7月），卒于1962年8月，终年七十六岁。其父金德元为乡间塾师，重视教育，故金毓黻六岁即入乡塾就读。十六岁时，因家境所困，辍学。1906年，二十岁时入辽阳县启化高等小学堂就读。1908年，考入奉天省立中学堂，1912年中学毕业。1913年考入北京大学堂文学门，1916年夏毕业。求学期间，深受启化小学校长白永贞和北京大学教授黄侃影响，前者爱其才而特许其免费就读，后者使其懂得治学。金毓黻后来写道："余少受知于佩珩先生（白永贞，字佩珩），承其奖饰拔擢，始出泥滓而履坦途。四十年来，得时时温理故书，日与古人晤对，而不致为君子所弃者，师之赐也，如何可忘！"又赋诗追叙受业于黄侃云："廿七登上庠，人海纷相逐。廿八逢大师，蕲春来黄叔。授我治学法，苍籀许郑优。研史应先三，穷经勿遗六。文章重晋宋，清刚寄缛郁。"这可见他对于师情的诚挚。

北京大学毕业后的二十年间（1916～1936），是金毓黻踏入仕途的时期，先后就职奉天省议会秘书（1916年）、黑龙江省教育厅科长（1920年）、吉林省财政厅总务科长（1923年）、东北政务委员会机要处主任秘书（1929年）、辽宁省政府委员兼教育厅厅长（1931年）。

"九·一八事变"后为日寇逮捕，拘押三月余，后经人斡旋得释，出任伪省图书馆副馆长。1936年，以考察文物为名，假道日本东京，回到上海，继而转赴南京，经蔡元培、傅斯年介绍、推荐，受聘为中央大学历史系教授，并兼任国民党政府行政院参议。1937年5月，赴安庆，出任安徽省政府委员兼秘书长。1938年春，中央大学迁至安庆，旋回中央大学担任教授兼历史系主任。1945年秋，转至四川三台东北大学任教，兼任东北史地经济研究室（后改为文科研究所）主任。1944年4月，再回中央大学执教，兼任文学院院长。抗日战争胜利后，于1946年回到东北。1947年，任国史馆纂修、沈阳博物馆筹备委员会主任；同年秋，赴北平，任国史馆北平办事处主任。1949年2月，北平和平解放，旧国史馆并入北京大学。金毓黻转入北京大学文科研究所，兼任教授，同时在辅仁大学兼课。1952年，调入中国科学院历史研究所第三所（即今中国社会科学院近代史研究所）任研究员，直至1962年逝世。

金毓黻博览群书，功底深厚，学有渊源，于理学、文学、小学、史学皆有造诣。尝曰："余之治学途径，大约谓始于理学，继以文学，又继以小学，又继以史学。"自谓1923年以前，治学兴趣主要在理学、文学、小学；1923年以后，兴趣转向史学。其治史，则深受清人之影响，他写道："余之研史，实由清儒。清代惠、戴诸贤，树考证、校雠之风，以实事求是为归，实为学域辟一新机。用其法治经治史，无不顺如流水。且以考证学治经，即等于治史。古之经籍，悉为史裁，如欲究明古史，舍群经其莫由。余用其法以治诸史，其途出于考证，一如清代之经生，所获虽鲜，究非甚误。"要之，金毓黻的学术渊源出于理学；而其史学方法，则出于考证。这是他的学术上的特点。

金毓黻之治史学，正值社会动荡、民族危难之机，出于忧乡、爱国之心，故首先研究东北史。他先后编纂了《辽东文献征略》八卷（1927年出版）；《奉天通志》二百六十卷（1937年以前印刷出齐）；《辽海丛书》十集，收书八十七种（1936年印竣出齐）；《渤海国志长编》二十卷（1932年底完稿）。1930年以后，金毓黻写出了他一生中具有代表性的三部著作，即《东北通史》上编、《宋辽金史》《中国史学史》。《东北通史》上编，初撰于1936

年，1941年修订，始上古，迄元末，由东北大学石印出版。这书系统地勾勒出了东北古代历史发展的轮廓，是关于东北史的奠基之作。宋辽金史的研究，是与东北史研究密切相关的。诚如金毓黻在《东北通史》引言中所说："东北史不过为国史之一部，欲研史之士集中精力于此，势有不能。第研史之途径不一，全视研史者之兴趣如何。倘富于研究辽金史之兴趣，则对于东北史亦不能不有相当之注意，于是研究辽金史饶有兴趣，而研究东北史亦才有兴起矣。"这是两个相互关联的领域。经数年之讲授、修改，金毓黻于1944年撰成《宋辽金史》一书，1946年由商务印书馆出版。《中国史学史》一书，始撰于1938年，1939年定稿，1944年由重庆商务印书馆出版。此书"征引资料较富，编排清楚，叙述严谨，纵控自如"，是作者比较满意的著作。这三部书，在当时都是开创性的撰述（注：以上内容，参阅《静晤室日记》前言，以及金景芳所撰《金毓黻传略》，载于《社会科学战线》1986年第2期）。 此外，金毓黻还有著作多种，不一一列举。而他的《静晤室日记》（辽沈书社，1993年）这部一百六十九卷的巨帙，是其自1920年3月6日至1960年4月30日长达四十余年的心血所积累，凡五百五十余万字。它不仅铭刻了作者治学、做人、处世的心迹及其所得，而且也在一定意义上反映出了20年代至60年代中国社会变迁的若干侧面和史实，既可作为日记来读，也可视为传记来读，甚至也可视为长编来读。这是作者留给后学的一份极珍贵的遗产。

关于《中国史学史》的撰写，查阅《静晤室日记》，作者有如下的记载，兹转录于此，或可有助于对此书的认识：1938年2月23日："始撰《中国史学史》，无可依傍，以意为之。梁任公于其《历史研究法续编》中有'中国史学史作法'一节尚可取资，惟语焉不详。闻卫聚贤撰有是书，由《大公报》出版，亦未之见。"2月26日："撰《史学史》导言竟，接撰第一章古代之史官，约得三千余言。近三四日思绪棼乱，若不可梳理。今日闭户沉思，略得端绪，伏案撰稿，乃如剥笋抽蕉，书卷奔凑腕下，不觉头头是道矣。凡事须于苦中得乐，此之谓也。"3月2日："撰《史学史》稿第一章《古代之史官》竟，取材不丰，笔不达意，殊未惬心。"3月4日："撰《史学史》第二章《古代之史家与史籍》竟。"5月5日："撰《史学史》第五章竟。"5月8日："余撰《史学史》原定八章，兹以尚有未备，增二章，非十余万言不能尽。原期于六月底毕功，为时仅月余，暑假将届，只好延至下学期补足耳。"7月7日："撰《史学考》中改修《宋史》之一节，颇能究其始末。"（引者按：《日记》中常常用《史学考》，说的就是《史学史》。） 7月22日："撰《史学考》改修《元史》一节竟。续撰自正史中分撰之别史，如马、陆二氏之两《南唐书》是其例也。钱士升《南宋书》亦自《宋史》分撰，欲以上继《东都事略》，而实非其伦；其可称者，其谢启昆之《西魏书》、吴任臣之《十国春秋》乎？"7月29日："撰《史学考》第七章，具稿已六七十页，而未毕其半，何繁而不杀，一至于此耶。"8月24日："闭户草撰《史学史》，凡得十余页，近一月来所未有也。"9月15日："撰《史学考》纪事本末一节，于诸家所论之外，又有采获，自谓不无一得。"9月22日："撰《史学考》第七章竟，凡得六万余言，约当第一章之五倍，第六章之三倍，殊患其繁，然亦欲简而不得者。"10月14日："撰《史学考》第八章竟，约得二万余字。"10月24日："撰《史学考》第十章，以近顷重要之发见为基础，如殷墟之甲骨、敦煌之木简及写本、内阁大库之档案三者是也。"11月17日："续撰《史学考》稿，每日约得二三千言，期以十余日毕功。"11月26日："撰《史学考》结论毕。自本年三月始功，十一月末讫功，凡九阅月，中间旅行约一阅月，实为八阅月，计二百四十余〔日〕。全书十章，合导言、绪论，凡得二十万言，每日平均撰稿一千字上下，此旅川以来读史之所得也。"12月17日："改撰《史学考》第一章古代史官，原稿十存其三四，易者约十之六七。"12月22日："改撰《史学考》古代之史家与史籍一章，大致已毕。因未细读原文，改过之后，方知重复。可知删改之作，有不如原文之佳者，凡事求之过细，往往欲益反损。"1939年1月31日："整理《史学史》稿略竣。"2月10日："以《史学考》中《最近史学之趋势》一章，送《新民族周刊》发表。"2月22日："修改《史学考》第五章粗毕。"6月3日："订补《史学考》全稿，竭一日之力，仍未能毕，此稿凡订补多次，甚矣，撰作之难也！"9月15日："修订《史学史》稿本，须费数日之力，拟托郭任生携往香港，交商务印书馆排印。"9月18日："修正《史学史》稿毕事，稍有增窜。"9月19日："诘朝入城，访郭任生，以《史学史》稿交之，托其携往香港。"（均见《静晤室日记》第6册，卷九六至卷一〇一）。

以上所节录的这些文字，可看作是这部《中国史学史》的撰述史。它生动地反映出这部《中国史学史》的撰写过程，反映出作者在撰写过程中的心境和思想的轨迹，反映出作者在撰述上曾经碰到的问题，而有些问题对今天的中国史学史研究仍有学术上的启发。我以为，这些文字的可贵性，是作者的其他一般性阐述所无法替代的。

《中国史学史》的撰写，大致经历了两个阶段。1938年2月至9月，为撰述阶段；1938年12月至1939年9月，为修改订补阶段，首尾约一年半时间。这里，有一个问题是作者没有说明的，即在撰写过程中，作者有时称本书为《史学史》，有时又称本书为《史学考》，且频频出现这两种名称。这当然不是作者的笔误，把"史"写成了"考"，而是作者可能确有这样的想法，即本书最终也可能会取名《中国史学考》。这当然只是推测，但这推测一是以《日记》为依据，二是考虑到作者推重清人考据学成就的缘故。在没有发现作者本人的其他说明之前，姑妄言之，存以备考。

金毓黻的《中国史学史》一书，在整体内容的安排上受梁启超的启发，在撰述方法上受考据之学的影响。金毓黻撰写《中国史学史》时，可资参考者甚少。其1938年2月23日日记说是"无可依傍，以意为之"的话，确乎事实。同日日记提到"卫聚贤所撰"外，此时还有一些学人如曹聚仁、卢绍稷、何炳松、罗元鲲、周容、陆懋德、李则刚等，也撰写了与中国史学史有关的论著（参见朱仲玉《中国史学史书录》,《史学史研究》1981年第2期),虽都不是有系统的中国史学史著作,但金毓黻也未曾见到。当时,他所能见到的,主要是梁启超的《中国历史研究法补编》(《日记》作"续编")中关于中国史学史做法的论述。

梁启超在《中国历史研究法补编》分论三的第三章讲到"文化专史及其做法"时,专有一节阐述"史学史的做法"。梁启超认为:"中国史书既然这么多,几千年的成绩,应该有专史去叙述。它可是到现在还没有,也没有人打算做,真是很奇怪的一种现象。"他还提出自己的设想:"中国史学史,最少应对于下列各部分特别注意:一史官;二、史家;三、史学的成立及发展;四、最近史学的趋势。"20世纪20年代,梁启超率先提出"史学史"作为一种文化专史必须进行研究以及如何研究的问题,是一个很重要的创见。这是近代意义上中国史家对史学之史的新认识,对史学史学科的创建、发展有重要意义。

金毓黻撰写《中国史学史》,主要是受到了梁启超上述认识的启发。他在1944年版的《导言》中说:"本编内容略如梁氏所示四目。"他在1957年的修订版《导言》中也说:这书"谨遵刘、章之义例,纬以梁氏之条目粗加诠次,以为诵说之资。"诚如白寿彝先生所指出的那样:"金毓黻的书，是在梁启超设计的蓝图上写出来的。这书在分期问题上，也大致是按着梁启超所说的办法。梁启超对于分期说得不清楚，金的书在分期的概念上也不显明。梁启超主张史学史要写史官、史家、史学，金的书也就按照这三个部分去写。梁启超推重司马迁和班固，金氏书把司马迁和班固列为专章。梁启超在说史学发展的时候，举出刘知幾、郑樵、章学诚，金的书没有把郑樵看得那么重，但还是把刘知幾和章学诚列为专章。从全书的结构上看，金毓黻就是在梁启超的蓝图上填写了史书的目录，有时对这些书做了简单介绍和评论。这部书带有浓厚的史部目录学的气味。我说这话并无意贬低金毓黻所做的工作，他所选的书目和解说，是经过认真考虑的。他把书目写得那么详细，解说得那么有根据，体现了他治学的功力。我们如果对于他的书能够善于利用，对于研究史学史还是有些帮助的。"（白寿彝《中国史学史》第1册，上海人民出版社，1986年，第166页）

作为中国史学史这一专史的创始之作，必有一个由晦而显、由略而详、由简而繁、由浅而深的发展过程，这是不难理解的。此书在撰述方法上受考据之学的影响，主要表现在以排比材料为主。关于这一点，金毓黻在1957

年为《中国史学史》所写的"重版说明"作了这样的阐述：

"本书创稿于1938年，系大学授课讲义，1944年始在重庆出版。当时著者并未建立辩证唯物主义之历史观点，因而缺点甚多。而尤要者，则在只就过去三千年间之若干史家、史籍加以编排叙述，殊不足以说明祖国史学产生发展演变之主流所在。兹以编著新型的中国史学史尚需时日，而本书征引资料较富，可供教学研究参考之用，爰由作者略事修订、删削，权作参考资料而重版，当为读者所谅许。"作者在撰写此书后的二十年，其间经历了新中国的成立和马克思主义史学的传播，回过头来审视自己的著作，其所感受，自是出于真诚。此书对于史学之时代特征、发展阶段、思想成就等均着墨甚少。然而，自此书修订版面世至今（1957年商务印书馆出版修订本，1962年中华书局重印），我们今天来看待金著《中国史学史》，还是应当肯定它在40～60年代产生的学术影响，肯定它在推动学科创建中的积极作用。

首先，此书在结构上，吸收古今史家论述的成果，力图把史学的源流、义例、发展及趋势撰为一书，虽未尽如人意（尤其是对义例的分析和发展的脉络着笔甚少），但草创之功，殊为不易。如果说作者在初版的《导言》中对"编纂要义"还阐说得不很明确的话，那么在修订版的《导言》中作者则进一步明确地阐述了此书的"编纂义旨"：一是讲史官、史家、史籍的产生及官史、私史之区别；二是讲史学之重点在撰史、论史两个方面；三是讲撰史途径中的两个转折，即"于魏晋南北朝启其机械，于唐宋以后拓其境界"；四是讲史料在史学发展中的重要。今天来看，这几点"义旨"的逻辑联系也还是不很明确，但作者显然已经触及史学的成立、史学的主要内容、史学发展中的变化、史学发展与历史文献之关系等问题。

其次，此书在初版时，作者在中国史学史的分期认识上并不明确，而在修订版的《导言》中，作者就当时的认识作了说明："全书结构，括以九章，并为便于叙述，略分古代、汉魏南北朝及唐初及唐宋迄清为三期，权作商榷之资，藉为就正之地。"这是修订版《导言》中增加的几句很重要的话。结合此书各章内容来看，第一、第二章，分别讲古代史官、史家与史籍，是第一个时期；第三章至第五章讲马、班史学，魏晋南北朝至唐初私家修史及汉魏以后史官制度，是第二个时期；第六章至第九章，是分别讲唐宋以后官史、私史、刘知幾与章学诚之史学，以及清代史家成就，是第三个时期（按：这里需要说明的是，初版时的第十章《最近史学之趋势》，作者在出版修订版时删去。其实这一章对于了解作者当时对史学趋势的认识，是很重要的）。当然，这个分期还比较笼统，而尤其对于分期的依据少有论述；但对于清代以前之史学"由简趋繁"的大势，朦胧分为三期，已见端倪。这也是作者在撰写此书后二十年所提出的新认识。

值得注意的是，关于中国史学史的分期问题，作者在撰写此书之初，已经有所关注，并提出了初步的设想。作者在1938年3月4日的日记中写道："中国史学可分六期：一为萌芽期，上古迄汉初，史家以孔子及左丘明为史家之冠，而《尚书》《春秋》及《左氏传》，又史籍之卓出者也；二为成立期，两汉之世属之，史家以司马迁、班固两家为冠，而史籍则《史记》《汉书》是也；三为发展期，魏晋南北朝私家修史之风极盛而所成之史亦多，《后汉书》有七家，《晋书》有十八家，十六国、南北朝各有专史，而作者非一人，崔鸿又因以成《十六国春秋》，李延寿因以成《南史》《北史》，胥汲马、班之流而结灿烂之果者也；四为中衰期，而唐迄清中叶，史由官修，定于一尊，私家修史多以肇祸，故史学最不振；五为复兴期，清中叶迄民国初，导源于唐之刘知幾、宋之郑樵，而大成于清之章学诚，吾国至是始有成家之史学，而浙东史学之一派如黄宗羲、万斯同、全祖望亦足以为章学诚之先河；六为革新期，即现代也，西学东渐，史学亦为所震撼，章太炎先生之论史已异于前人，而梁任公更以革新相号召，近有何炳松亦以新史名家，将来之趋势恐呈中西合流之观，此今昔之不同也。以此六期榷论为史，或有一当，第恐不能发挥要义，以尽诵说之能事耳。"（《静晤室日记》第6册，卷九六）。作者是由于"不能发挥要义"，还是后来感到此说有未妥之处，因而本书的撰述没有采用"六期"说，我们已不得而知。今天看来，"六期"基本上是以史家、史书为标准进行划分，且所谓萌芽、成立、发展、中衰、复兴、革新之名目及其时段划分，皆尚可商榷，但它反映了作者的思想轨迹，对于史学史学科的认识史来说，还是有研究价值的。

再次，此书在初版及修订版的《导言》中提出了什么是史学，什么是史学史，以及关于史官、史家、官史、私史、撰史、论史之区别的见解，还有《史通》中的《史官建置》《古今正史》为"中国史学史之滥觞"的见解、"私家成就殊胜于史官"的见解等，虽也有可以商榷之处，但对推进中国史学史的研究是有参考价值的。此书之内容，如白寿彝先生所说，"带有浓厚的史部目录学的气味"，这是从整体上说的，如第四、六、七、九各章，从目录上看，几乎全是列举出来的史家、史书名称。从局部来看，作者也提出了一些有价值的独立见解。如第五章论刘知幾与章学诚的史学，是近代以来的较早的系统论述，而所论"《史通》以扬榷利病为主亦兼阐明义例"，论章学诚"论记注与撰述之分""论通史""史学之阐明""因事命篇为作史之极则"以及关于"刘章二氏之比较"等，都提出了有参考价值的认识。对有些问题，作者也不苟同旧说，而提出新见，如对元修宋、辽、金三史，就后人"以三史成书太速为病"、"后贤又病《宋史》冗杂、《辽史》简略"等问题，一一予以辨析，读来都能使人有所启发。当然，此书在有些评论上存在的偏颇是很明显的，如评价《文献通考》高于评价《通典》，认为《宋元学案》优于《明儒学案》等，早在40年代已有论者指出所论不妥。又此书在体例上因贯彻作者关于官修之史与私人撰史之不同这一主线，故于内容安排多迁就依傍于此而呈现出首尾零乱、时间重复，"史"的特色未能鲜明地反映出来。凡此，读者均可有自己的认识，唯不必苛求于作者就是了。

总的来说，金毓黻所著《中国史学史》，作为中国史学史这门学科或这门专史草创时期的代表性著作，是有它应有的地位的。

(原载《社会科学战线》1998年第3期)

下编　探究史学底蕴

中国古代史家的通识与智慧

　　从很早的时候起，中国先民在认识外部世界和认识自身时，就提出"通变""通识"的观念，当这种观念在不同的事物上反映出来，都闪烁着先民的智慧的光芒。

　　《周易·系辞下》说："通其变，使民不倦。"又说："穷则变，变则通，通则久。"可见，这种"通变"的思想，是来自对于社会和历史的观察和提炼。《礼记·经解》引孔子的话说："疏通知远，《书》教也。"这可以看作是关于《尚书》特点及其重要性的鲜明概括。《礼记·曲礼上》指出："博闻强识而让，敦善行而不怠，谓之君子。"这是关于教导人们自我修养和做人的原则。唐初史家作《五代史志》即《隋书·经籍志》时，于史部大序起首写道："夫史官者，必求博闻强识，疏通知远之士，使居其位，百官众职，咸所贰焉。是故前言往行，无不识也。天文地理，无不察也。人事之纪，无不达也。"这是把《尚书》的"疏通知远"和古时君子之"博闻强识"的自我修养融合起来，这可以看作是对史官学识与器局即通识的高度概括。这在古代史学家中有突出的表现并形成为优良传统，使中国史学具有深邃的历史思想和丰富的历史智慧。

在这方面，首先要说到的是太史公司马迁。他在《史记·平准书》后论中写道：

> 太史公曰：农工商交易之路通，而龟贝金钱刀布之弊兴焉。所从来久远，自高辛氏之前尚矣，靡得而记云。故《书》道唐虞之际，《诗》述殷周之世，安宁则长庠序，先本绌末，以礼义防于利。事变多故而亦反是。是以物盛则衰，时极而转，一质一文，终始之变也。

这段话，前半部是反映了司马迁重视"通"，从"高辛氏之前"说起，继而论到"唐虞之际""殷周之世"。后半部是反映了司马迁重视"变"，他从考察历史中发现"事变多故而亦反是"的法则，以致"物盛则衰，时极而转，一质一文，终始之变也"。从这里看出，因为"通"而发现"变"。

用今天的话来说，就是认识了事物的全过程，才能找到其中固有的规律。司马迁接着又写道："汤、武承弊易变，使民不倦，各兢兢所以为治，而稍陵迟衰微。"在司马迁看来，"变"是社会历史中的常态。社会要稳定，要发展，就必须做到"承弊易变，使民不倦"，所以他在这篇史论最后得出这样的结论："无异故云，事势之流，相激使然，曷足怪焉。"

从《史记》全书来看，司马迁在《报任安书》中提出的"究天人之际，通古今之变，成一家之言"的撰述宗旨，渗透于《史记》全书，《平准书》后论只是显得尤为突出罢了。

思想家王充从认识论上分析古今关系，可以看作是对"通变"或"通识"的哲学思考。他批评有些儒生知古不知今或知今不知古，都是不可取的。他尖锐地指出：

> 夫儒生之业，"五经"也，南面为师，旦夕讲授，章句滑习，义理究备，于"五经"可也。"五经"之后，秦、汉之事，不能知者，短也。夫知古不知今，谓之陆沉，然则儒生，所谓陆沉者也。"五经"之前，至于天地始开、帝王初立者，主名为谁，儒生又不知也。夫知今不知古，

谓之盲瞽。"五经"比于上古，犹为今也。徒能说经，不晓
上古，然则儒生，所谓盲瞽者也。（《论衡·谢短篇》）

这就是说，徒知在特定历史条件下产生的"五经"，而
对"五经"之后之事或"五经"之前之事并不清楚，不是
"陆沉"就是"盲瞽"，即无益于世之人。这是把知古
知今与知今知古即通识的重要性提到很高的原则来看
待了。

史学家范晔生活于南朝刘宋时期，他的通识着重于
历史认识。他在撰写《后汉书》的过程中，同时考察了殷、
周、秦、西汉、东汉的历史，指出这几个朝代的衰落、灭亡
各有具体原因，认为：

自古丧大业绝宗禋者，其所渐有由矣。三代以嬖色
取祸，嬴氏以奢虐致灾，西京自外戚失祚，东都缘阉尹
倾国。成败之来，先史商之久矣。至于蚌起宦夫，其略
犹或可言。何者？刑余之丑，理谢全生，声荣无晖于门
阀，肌肤莫传于来体，推情未鉴其敝，即事易以取信，
加渐染朝事，颇识典物，故少主凭谨旧之庸，女君资出
内之命，顾访无猜惮之心，恩狎有可悦之色。亦有忠厚

平端，怀术纠邪；或敏才给对，饰巧乱实；或借誉贞良，先时荐誉。非直苟恣凶德，止于暴横而已。然真邪并行，情貌相越，故能回惑昏幼，迷瞀视听，盖亦有其理焉。诈利既滋，朋徒日广，直臣抗议，必漏先言之间，至戚发愤，方启专夺之隙，斯忠贤所以智屈，社稷故其为墟。《易》曰："履霜坚冰至。"云所从来久矣。今迹其所以，亦岂一朝一夕哉。（《后汉书·宦者列传》后论）

显然，范晔是经过对这几个朝代作了比较之后，才得出这个结论的。这个结论或许并不十分全面，但他从比较中凸显出它们灭亡的具体原因有所不同，反映了他从"通"的视野提出认识的方法论。《后汉书》的帝纪史论以及《儒林传》等，也都反映出范晔在通识上的这一特点，前者清晰地写出了东汉兴衰的几个阶段，后者则写出了东汉一朝经学发展的历史。可见，史家的通识是在宏观把握史事的基础上，善于揭示史事演变的路径及其内在的法则。

当然，史学家因通识而产生智慧，不仅是为了说明历史，而且还在于启示后人，以至于使这种智慧运用于社会。范晔曾说他的《后汉书》将撰写十篇志，并在志中发论，"以正一代得失"（《宋书·范晔传》），尽管他最终没有实现撰写十志的计划，但他以史学家的智慧影响社会的理念是非常明确的。从史学与社会的关系来看，范晔的这一撰述理念，为在他之后的一些史学家们所继承并大大发展了。唐初的魏徵、唐中叶的杜佑和北宋的司马光便是这方面的几位有重要影响的史学家。

魏徵是一位政治家，也是一位史学家，他作为唐太宗统治集团中的核心人物之一，在政治和史学两个方面都作出了重要的贡献。在政治方面，魏徵以审时度势、有忧患意识和敢于直谏而享誉当世，被唐太宗称为他的"三镜"（《贞观政要·任贤》）之一。这一比喻，深刻地反映了魏徵在当时政治生活中的重要地位。在史学方面，魏徵参与主持了"五代史"（即梁、陈、北齐、北周、隋五朝历史）撰述，并撰写了《梁书》《陈书》《北齐书》的帝纪总论以及《隋书》纪传的全部史论，表明他对他所处时代的"近代史"的洞察和见识。不仅如此，魏徵更是深刻地提出了以隋朝之兴亡与秦朝之兴亡相比较的论点，认为："隋之得失存亡，大较与秦相类"（《隋书》卷七〇后论），这是把隋朝兴亡的历史放到唐以前的整个历史进程中去加以考察而得出的一个重要的历史结论。由于秦朝是第一个建立统一政治局面的盛大皇朝，其何以兴何以亡，在历史上产生了极大的震撼力，也给人们（尤其是政治家、史学家、思想家）留下了很多值得深思的问题。魏徵尖锐地提出这个问题，对于唐初的统治者来说，自是具有特殊的借鉴意义。值得注意的是，魏徵还进一步指出：隋朝的灭亡是一个不断演变的过程："迹其衰怠之源，稽其乱亡之兆，起自高祖，成于炀帝，所由来远矣，非一朝一夕。"（《隋书·高祖纪下》后论）这一认识显然是要提醒当时的统治者应当具有兢兢业业、防微杜渐的意识。总之，可以认为，魏徵的通识所凝聚的智慧，在唐太宗贞观年间，是产生了非常重要的政治影响的，并受到后人的一再称颂。

魏徵的通识与智慧之所以能在政治活动中产生积极作用，除了上述他的主观因素外，还有其客观原因：一是他生活在唐初创业时期，统治集团十分重视历史上的经验教训的借鉴作用；二是他本身正处于这个统治集团之中，并有参与最高决策的机会；三是他遇到了一个比较开明的君主唐太宗，能够虚心纳谏。从这个意义上来说，正是一定的历史条件造就了魏徵这一历史人物。

在通识与智慧方面与魏徵相近甚至超过魏徵的史学家、政治家杜佑，因没有具备魏徵所具备的历史条件，其价值与影响是以另一种形式表现出来的。杜佑在其约六十年的政治生涯中，有三件事是值得后人关注的，一是他作为封疆大吏，以淮南节度使的身份，镇守淮南十四年；二是他在唐宪宗时居相位十年，受到朝野的敬重；三是他在为官期间，以三十六年时间撰成《通典》巨帙，凡九门二百卷，传播于当时及后世，影响深远。

《通典》的通识，一是贯通历代典籍制度，自传说中的黄帝直至唐玄宗天宝年间（个别史事下限写至唐德宗贞元十三年，其上书为贞元十七年）；二是贯通历代"群士论议"，这可视为兼容历史上各种见解的"通论"；三是杜佑本人的融会贯通之论。尤其是后者，充分显示出杜佑在通识的基础上所提炼出来的对于历史经验的总结与历史智慧的凝聚。《通典》的史论，有序、论、说、议、评。序，有全书之序，有门类之序，还有篇章之序。论，有前论和后论。至于说、议、评之间的区别，杜佑在《通典·礼二·沿革二·吉礼一》的一首"说曰"的文末自注说："凡义有经典文字其理深奥者，则于其后说之以发明，皆云'说曰'。凡义有先儒各执其理，并有通据而未明者，则议之，皆云'议曰'。凡先儒各执其义，所引据理有优劣者，则评之，皆云'评曰'。他皆同此。"这一段话对于理解《通典》史论的涵义，理解杜佑的所谓"说""议""评"的真谛，具有至关重要的意义。从这段引文的本义来看，杜佑所谓"说""议""评"是属于三个层次的史论：说，是阐说"经典"的深奥；议，是议先儒的"未明"之义；评，是评"先儒"所据之理的优劣。概括说来，这三个层次就是经典、义、理的区别，故分别用说、议、评表示出来。这里除了反映出作者在三者之间所把握的极鲜明分寸感之外，还有对前人思想遗产的极谨慎的态度（参见瞿林东《中国史学史纲》，北京出版社，1999年，第340~346页）。

杜佑的通识与智慧，因所处历史条件及最高统治集团的群体素质均不能与魏徵时相比拟，故其在当时的政治实践中并未产生与之相适应的重大作用。尽管如此，因《通典》一书作为贯通的制度史专书及其丰富的史论，它反映了作者对当时社会结构和国家职能的认识，在当时已经受到政治家们的高度重视。与杜佑同时代的人们评论《通典》说："施于文学，可为通儒；施于政事，可建皇极"（李翰《通典序》）；"诞章闳议，错综古今，经代（世）立言之旨备焉"（权德舆《歧国公杜公墓志铭并序》，《唐文粹》卷六八）。清代乾隆皇帝从治国安邦的角度高度评价《通典》说："观其分门起例，由食货以讫边防，先养而后教，先礼而后刑，设官以治民，安内以驭外，本末次第，具有条理，亦恢恢乎经国之良模矣。"（乾隆丁卯《重刻通典序》）我们从这些评价来看，《通典》一书在"经邦""致用"方面所蕴含的历史智慧是非常丰富的。

杜佑以下，司马光作《资治通鉴》，而司马光的通识则主要反映在他提出了史学与政治之关系的至关重要的问题，这就是他在《进资治通鉴表》中所强调指出的："删削冗长，举撮机要，专取关国家盛衰，系生民休戚，善可为法，恶可为戒者，为编年一书。"哪些史事"关国家盛衰"？哪些举措"系生民休戚"？这是司马光向自己提出的大问题，也是他留给后人阅读《资治通鉴》时应当着重思考的大问题，而智慧就蕴含在这些大问题之中。郑樵的《通志·总序》对"会通之旨""会通之道"的阐发，以及他对《通志·二十略》的论述与撰写，表明他在理论上和知识结构上的通识，其中自亦包含着学术思想上的渊博与睿智。马端临在《文献通考序》中提出了"理乱兴衰，不相因者也"，"典章经制，实相因者也"两个历史命题，正是他的"通识"的一种反映，如无贯通的思考与见识，是不可能提出这样重大的历史命题的。那么，何以"不相因"？何以"实相因"？切切实实回答这两个命题，或者对这两个命题作合理的辨析，正是提炼历史智慧的过程。

清代史家王夫之在解释他所理解的《资治通鉴》的"通"的内涵时写道："其曰通者，何也？君道在焉，国是在焉，民情在焉，边防在焉，臣谊在焉，臣节在焉，士之行己以无辱者在焉，学之守正而不陂者在焉。虽扼穷独处，而可以自淑，可以诲人，可以知道而乐，故曰'通'也。"（王夫之《读通鉴论·叙论四》之二）在王夫之看来，所谓"通"，包含着治国、治民、治军、治身、治学及人生价值观等等，我们也可以把这理解为通识，自亦包含着与此有关的见识与智慧。

通识是通向智慧的路径，中国古代史学家多倡导通识，反映了他们重视历史经验的总结和重视历史智慧的凝练，以及这些经验与智慧在现实历史运动中的价值。不论是从学理上看，还是从实践上看，这都是中国史学史研究者发掘、梳理和阐释中国古代历史理论的重要任务。

（原载《史学史研究》2012年第3期）

谈谈中国古代史学中的历史理论与史学理论

中国古代史学蕴含着丰富的历史理论与史学理论遗产，本文试对此作一简要概述。这里，先从古代史学关于"论"的旨趣、传统和特点谈起。

一 "论"的旨趣、传统与特点

中国古代学人不仅有"论"的旨趣，而且有重视"论"的优良传统。在思想史上，如孔子后学所编《论语》，如《荀子·天论》，如王充《论衡》等，以"论"名书、名篇者累世不绝。在史学上，司马迁之父太史公司马谈是较早重视"论"的史家。司马迁这样写道："太史公学天官于唐都，受《易》于杨何，习道论于黄子。太史公仕于建元、元封之间，愍学者之不达其意而师悖，乃论六家之要旨曰……"(《史记·太史公自序》)这是中国古代史家明确提出"论"的较早的记载。其后,《史记》各卷卷末的"太史公曰",班固著《汉书》,于纪、传之末发表议论,谓之曰"赞"。其实,"太史公曰"与《汉书》的"赞",本质上都是"论"(这种"论"的形式,可以上溯到《左传》中的"君子曰")。值得注意的是,班固《汉书·司马迁传》卷末在评论司马迁时写道:"又其是非颇缪于圣人:论大道,则先黄老而后六经"云云。这里,也用了"论"字,到了南朝宋人范晔撰《后汉书》,重视"论"的自觉程度就显得十分突出了。他不仅在纪传的卷末既有"论曰",又有"赞曰",而且对他所作的"论"自视甚高,他这样写道:

> 吾杂传论,皆有精意深旨,既有裁味,故约其词句。至于《循吏》以下及《六夷》诸序论,笔势纵放,实天下之奇作。其中合者,往往不减《过秦》篇。尝共比方班氏所作,非但不愧之而已。欲遍作诸志,《前汉》所有者悉令备。虽事不必多,且使见文得尽。又欲因事就卷内发论,以正一代得失,意复未果。赞自是吾文之杰思,殆无一字空设,奇变不穷,同合异体,乃自不知所以称之。(《宋书·范晔传》)

从这段话中，可以看出范晔对于史书中的"论"的重要性在认识上确已超过前人。至于他在这方面的自我评价，后人看法不一，但以正面评价者居多，这里不来评论。需要指出的是，范晔于《后汉书》卷末既已发"论"，又饰以"赞"语，实为多余，后人仿效，更是加重了它的负面影响。

对于议论的重视，不限于纪传体正史，其他各类史书，多有议论，只是名称有所不同罢了，如唐人刘知幾所概括的那样："序""诠""评""议""撰""奏""某某曰""史臣曰"等，都是"论赞"之义。而范晔《后汉书》"嗣论以赞，为黩弥甚"，有悖著史应遵循"简要"的原则（《史通·论赞》）。刘知幾认为，论的作用有二：第一，是解释疑义："夫论者，所以辨疑惑，释凝滞。"第二，是补充史事："史之有论也，盖欲事无重出，文省可知。"他不赞成史家在"论"中发表评价性的意见，认为那样会造成"与夺乖宜，是非失中"的结果，"或言伤其实，或拟非其伦"（均见《史通·论赞》）。显然，刘知幾对"论"的两种作用的肯定，当属于历史撰述中史家关于"论"的技术性处理，这虽然反映了史家关于处置"论"的机智，但却并非"论"的主要作用。从"论"的发展趋势及主要功能来看，还是重在评价史事和人物。史学发展到今天，人们在求得历史"真相"的基础上，解释历史、评价历史占有越来越重要的地位，正说明了这一点。

随着魏晋南北朝时期史学多途发展的趋势，史学家对于"论"的撰述更加广泛。就"论"的专门著述来看，《隋书·经籍志》史部就有多种关于"论"的专书著录，如正史类有何常侍撰《论三国志》九卷、徐众撰《三国志评》三卷；簿录类有不著撰人的《正统论》一卷。子部有夏侯湛的《新论》十卷、顾欢的《夷夏论》一卷、刘廙的《政论》五卷、刘劭的《法论》十卷和《人物志》三卷、殷仲堪的《论集》八十六卷；集部有刘楷的《设论集》七十三卷、《杂论》十卷等，这只是择其要者而举之，因大多逸佚，故有的专论的内容已不得其详，但这一时期"论"在史学及史学以外其他领域的广泛领域受到重视，是确切无疑的。

至于"论"的专篇，那就更多了。从《昭明文选》的选篇，"论"作为一种特殊文体，受到编者的重视，专设"史论"上下两卷（卷四九、卷五〇），收录班固《汉书》、干宝《晋纪》、范晔《后汉书》、沈约《宋书》中的论、赞多首。《文选》还设有"论"（杂论）五卷（卷五一至卷五五），收录贾谊《过秦论》、班彪《王命论》、曹冏《六代论》、李萧远《运命论》、陆机《辨亡论》上下篇和《五等诸侯论》等，也多与史论有关（其中只有个别篇名的"论"字为编者所加）。由于《文选》拥有较多的读者，从而进一步扩大了史论的影响，促进了人们对史论的更多关注。北宋学人所编纂的《文苑英华》，收录前人之"论"数量更多，且有更细致的分类（见卷七三九至卷七六〇），其中关于天、道、封建、贤臣、臣道、政理、食货、刑赏、兴亡（上中下）、史论（一至四）、杂论（上中下）等，多与史事有密切关系。这一方面反映出了史学家和各方面学人对于"论"更高程度的关注，另一方面也反映出了宋代学人对于前人之"论"的重视也是空前的。这表明，史学家（包括相关的学人）不论是对史论之重要性的自觉认识，还是对于史事的分析、评价，都达到了新的阶段。

我们注意到，古代史家之"论"的旨趣和传统，在发展过程中有两个趋势：一是从对于某一具体史事或人物的评论走向对于某一重要专题的评论，一是从对于某一朝代之兴亡得失的综合评论走向对于历朝兴替更迭与历史进程的综合评论。而贯穿于上述两个趋势之中者，则多有关于天人、古今、时势、理道等一定程度上的理性分析。从本质上看，中国古代史学中的"论"，是对历史进行解释和评论，是在通过具体的史事讲道理。而这种道理，不是空论，是从一定的史事中概括出来、抽绎出来的。正如元代史家胡三省所说："夫道无不在，散于事为之间。因事之得失成败，可以知道之万世亡弊，史可少欤？"（《新注资治通鉴》序）而清代史学家章学诚作了更精炼的概括："古人未尝离事而言理。"（《文史通义·易教上》）这是中国古代史学中的"论"的基本特点。当然，中国古代史学中的"论"，还有一个鲜明的特点，即史学家对于"论"的内涵的思考和阐发，显示出历史性和实践性的密切结合。明清之际史家王夫之说得好：

> 引而伸之，是以有论；浚而求之，是以有论；博而证之，是以有论；协而一之，是以有论；心得而可以资人之通，是以有论。道无方，以位物于有方；道无体，以成事之有体。鉴之者明，通之也广，资之也深，人自取之，而治身治世、肆应而不穷。抑岂曰此所论者立一成之例，而终古不易也哉！（《读通鉴论·叙论四》）

以上，是对中国古代史学中之"论"的旨趣、传统、特点和风格的简要论述。下面，分别谈谈中国古代史学中的历史理论与史学理论。

二　中国古代史学中的历史理论

　　中国古代史学中的历史理论遗产，大致是指自先秦到清末中国史学遗产中人们关于客观历史进程之重大社会历史问题的认识与论述，主要包含论天人、论古今、论地理、论时势、论华夷、论国家、论正统、论兴亡、论鉴戒、论封建、论风俗、论人物等问题。这些问题，都是中国历史上备受关注的问题，反映了中国史学在历史理论方面的特点，对当代史学关于历史理论的研究有重要参考和借鉴意义。其中，天人古今自是历史理论的根本问题，地理、时势、兴亡、鉴戒，涉及社会历史面貌和人们的追求，国家、正统，与政治统治密切相关，华夷之论则与统一的多民族国家有紧密联系，重视风俗移易与社会发展的关系，评论历史人物的方法和标准亦历来是人们所关心的问题。这些问题之间不是相互孤立的，而有其内在的联系。

　　兹以天人关系和历史鉴戒两个问题为例，略述如下。先就天人关系来说，这是人们历史观念中所涉及的一个最早的也是最根本的问题。商和西周时期，"天命"观是人们的主导思想，即社会的治乱盛衰、人世的祸福夭寿，都是天命所决定的。如："天生民而立之君"（《左传·襄公十四年》）、"天生烝民"（《诗经·大雅·荡》）、"天亦惟休于前宁人"（《尚书·大诰》）、"天其殃之也"（《左传·襄公二十八年》）、"天命不易"（《尚书·君奭》）、"天命玄鸟"（《诗经·商颂·玄鸟》）等等。但是商的"天命"观与周的"天命"观有一个根本的不同，即商的"天命"与商的祖宗神是统一的，所以"天命"是庇护商的。周的"天命"观认为，"天命"不是周的祖宗神，"天命靡常"（《诗经·大雅·文王》），它是会转移的，而转移的目标是庇护有德之人，所以"天命"从商转移到周。周王朝提倡"明德"，强调以德治天下，就是出于这种历史观。西周末年至春秋时期，"天命"观经不住现实的检验而开始动摇，从而出现了"天道远，人道迩"（《左传·昭公十八年》）的观念，人们愈来愈重视人事了。一部《战国策》，反映了战国时期人们都是在讲人谋的作用。到了汉武帝时期，司马迁写《史记》，只是偶尔提到"天命"，而是着力写出了各阶层代表人物的思想和作用。可以说，《史记》确立了人在历史活动中的主体地位，从而奠定了中国古代史学的人本主义传统。尽管其后还有对"天命"的称说，但其神圣性已大为淡化了。

唐代思想家、文学家柳宗元，同时也是一位杰出的史学批评家，他在《天说》一文中，从历史观和自然观上，彻底否定了"天"具有赏功罚祸的意志和能力，进一步揭去了"天"的神秘面纱。在柳宗元看来，天地、元气、阴阳都是物质，是没有意志的，因而不具有赏功、罚祸的能力；功与祸只有通过其自身去说明，祈望和呼唤"天"来赏罚，给予人们以同情和爱护，那是再荒谬不过了（《柳河东集》卷一六）。柳宗元的《天说》引发了刘禹锡作《天论》三篇，把对于这个问题的认识更加深化了。《天论》在理论上的贡献是：第一，把天的作用和人的作用作了严格的区别和界定。认为："天，有形之大者也；人，动物之尤者也。天之能，人固不能也；人之能，天亦有所不能也，故余曰：天与人交相胜耳。"第二，论证了"天之能"是自然作用，"天"是客观存在的自然，是万物"生植"的条件；"人之能"是社会作用，"人"是按照"法制"进行生产活动、政治活动和伦理活动的。第三，试图从认识论上解释人们在"天人之际"问题上产生不同看法的社会原因，结论是："生乎治者，人道明，咸知其所自，故德与怨不归乎天；生乎乱者，人道昧，不可知，故由人者举归乎天，非天预乎人尔。"（均见《天论上》，《刘禹锡集》卷五）《天论》在阐述"天"与"人"及"天人之际"问题上，比《天说》更精细了。

当人们逐步从"天命"观的阴影中走出来后，又会碰到另一个与历史观密切相关的问题，这就是"圣人之意"同客观形势的关系。柳宗元针对历史上的分封制是"圣人之意"的说法，著《封建论》专文予以驳斥，反复论证"封建非圣人之意也，势也"（《柳河东集》卷三）。这表明，"分封"与"郡县"的设立，都是形势使然。但是，任何决策与措施乃至制度，毕竟还是要通过人来制订和实施的，这就进而提出了杰出人物的意识和思想同客观时势的关系。关于这个问题，早在司马迁著《史记》时就已经提出来了，他在讲到作人物传记时这样说："扶义俶傥，不令己失时，立功名于天下，作七十列传。"（《史记·太史公自序》）他说的"不令己失时"，是针对各阶层代表人物说的。显然，这个"不令己失时"对于杰出人物来说，因其特殊地位与社会影响的重要，就显得更为突出了。柳宗元的《封建论》强调了"势"的作用，是历史观上的一个里程碑。柳宗元所论，无疑包含了"圣人"对"势"

的认识，但并未直接道出来。但柳宗元所论却启发了宋人苏轼。苏轼指出："圣人不能为时，亦不失时。时非圣人所能为也，能不失时而已。"（《东坡志林》卷五）可以说，这是对司马迁、柳宗元所论的一个极好的诠释。从今天的认识来看，这是回答了从存在到意识，再从意识反作用于存在的认识问题。当然，对古人来说，这种认识还处于朦胧阶段，但在历史观的发展上，却具有重要的意义。从"天生烝民""天生民而立之君"到柳宗元指出"唐家正德受命于生人（民）之意"（《柳河东集·贞符》），人们经过漫长的社会实践和思想历程，终于走到了这一历史认识的高度。

再就历史借鉴来说。人们从较早的历史记忆即远古传说，发展到自觉的历史借鉴思想和理论，也经历了漫长的社会实践和思想历程。人们同自然灾害的关系、原始部落之间冲突的关系，以及对自身所处人群之所由来的关注，是原始历史记忆的主要内容。从《尚书·盘庚》可以看出，人们已经自觉地认识到迁徙对于部落乃至国家生存的重要。从西周初年的历史来看，统治者已经自觉地认识到总结前朝历史教训的极其重要性，并以此教育统治阶层的贵族们。如《尚书·召诰》所强调的"我不可不监

（鉴）于有夏，亦不可不监（鉴）于有殷"，充分表达西周统治者对夏、殷两朝灭亡之教训的高度重视。《尚书·周书》中的《酒诰》《梓材》《多士》《无逸》《立政》《多方》《君奭》等篇，一方面是总结殷朝贵族腐败的历史教训，一方面是提出西周王朝"明德慎罚"的治国理念。这是中国历史上最早出现的后一个王朝深刻总结前一个王朝之所以败亡的原因并以此为鉴的重大事件，而这正是西周王朝通向"成康之治"的思想基础和政治基础。可以说，《尚书》在历史借鉴方面给后人保存了最早的思想遗产。

西汉前朝的政治家、思想家、史学家对前朝败亡的历史教训的总结，把历史借鉴思想提升到一个新的高度。这个总结经历了汉高祖、汉文帝和汉武帝统治的漫长时期。首先，是陆贾批评汉高祖自认"居马上得之"的盲目观念，指出历史上成功的统治者都能"以逆取而顺守之，文武并用"，这才是政治上的"长久之术"。汉高祖刘邦听取陆贾的建议，命其总结"秦所以失天下，吾所以得之者何，及古成败之国"（《史记·郦生陆贾列传》）的历史经验教训。陆贾于是撰成《新语》一书，指出："秦非不欲为治，然失之者，乃举措暴政而用刑太极故也。"（《新语·无为》)认为实行"宽舒""中和"之政才是正确的措施，才是"逆取而顺守之"的战略决策。陆贾总结古人的经验，结合秦朝的败亡，提出"逆取而顺守之"这一命题，在历史借鉴问题上具有理论上的重要意义。

汉文帝时的思想家、文学家和史论家贾谊，其《治安疏》和《过秦论》是对当时及后世有极大影响的宏文，前者言汉文帝时政治形势，见于《汉书·贾谊传》；后者论秦国——秦朝兴亡，见于《史记·秦始皇本纪》后论司马迁所征引。贾谊在《过秦论》中着重指出："夫并兼者高诈力，安定者贵顺权，此言取与守不同术也。秦离战国而王天下，其道不易，其政不改，是其所以取之守之者无异也。"具体说来，就是"仁义不施而攻守之势（无）异也"。简言之，秦在统一前后，形势发生重大改变，而其政策却不随之改变，以致遭到灭亡。这一带有规律性的认识，同上文陆贾所言"以逆取而顺守之"，具有同样的理论价值，是历史借鉴思想、理论的新发展。

唐初君臣对隋朝灭亡的总结，以及对历史上许多朝代骤兴骤亡这一政治现象的关注和讨论，把历史借鉴思想进一步推向理论的高度。这见于魏徵所撰《隋书》纪传的史论、吴兢所著《贞观政要》、司马光《资治通鉴》所记唐太宗晚年事迹，以及魏徵的文集《魏郑公集》等。魏徵剖析隋朝的兴起，建立了一个"甲兵强盛，风行万里"的大朝代，为什么会二世而亡呢？这主要有以下几个方面的原因：第一，没有正确的政治方略。隋文帝统一中国南北，有重大贡献，但他"素无术学，不能尽下，无宽仁之度，有刻薄之资，暨乎暮年，此风逾扇。"（《隋书·高祖纪下》后论）第二，法令严苛，劳役无度。隋炀帝时，"淫荒无度，法令滋章"，"骄怒之兵屡动，土木之功不息"，"滑吏侵渔，人不堪命"（《隋书·炀帝纪下》后论），这正是隋文帝治国无方的严重后果。第三，"上下相蒙"，粉饰太平，"黎庶愤怨，天下土崩"（《隋书·炀帝纪下》）。总之，由于治国无方，法令苛刻，过役民力，加之"上下相蒙"，造成隋朝的速亡。

唐太宗君臣还讨论了"草创"与"守成"孰难的问题，大臣各持己见，而唐太宗则在肯定各方意见的基础上，作了一个极高明的概括："今草创之难，既已往矣，守成之难者，当思与公等慎之。"（《贞观政要·君道》）他们还讨论了治国与以民为本的问题，唐太宗对大臣们说："凡事皆须务本，国以人（当为"民"，因避李世民之讳，乃书为"人"——引者）为本，人（民）以衣食为本，凡营衣食，以不失时为本。夫不失时者，在人君简静乃可致耳。"
(《贞观政要·务农》)这个认识，当是在总结隋朝亡于
"过役人力"而得到的启示。尤其重要的是，唐太宗、魏
徵等已朦胧认识到历史上朝代兴亡存在一种"周期性"
现象，并对此深感忧虑。唐太宗曾对魏徵说："观近古帝
王有传位十代者，有一代两代者，亦有身得身失者。朕所
以常怀忧惧，或恐抚养生民不得其所，或恐心生骄逸，喜
怒过度，然不自知，卿可为朕言之，当以为楷则。"魏徵回
答道："陛下圣德玄远，居安思危，伏愿陛下常能自制，以
保克终之美，则万代永赖。"(《贞观政要·慎终》)从这
个角度来看，唐太宗所问极为深刻，而魏徵所对则十分原
则，只是对唐太宗本人提出希望。

其实，魏徵对于这个朝代兴亡"周期性"现象确有
深刻的思考，并探索唐皇朝走出这种"周期性"阴影的途
径。他在贞观十一年(637)上疏唐太宗，已经明确地提出
这个问题，魏徵写道：

> 臣观自古受图膺运，继体守文，控御英杰，南面临
> 下，皆欲配厚德于天地，齐高明于日月，本枝百代，传
> 祚无穷。然而克终者鲜，败亡相继，其故何哉？所以求

之，失其道也。殷鉴不远，可得而言。(《贞观政要·君
道》)

这是极其尖锐地提出了历史朝代更迭的"周期性"现象，
魏徵在政治上的胆识，在这个问题上表现得尤为突出。更
难得的是，魏徵对于唐朝的政治前途作出三种分析：第一
种情况是，能够认识到得天下不容易，所以治天下要小心
谨慎、居安思危。"鉴彼之所以失，念我之所以得，日慎一
日，虽休勿休"，不要搞一些好大喜功的做法，要时时考
虑存在着危机。倘能达到这种思想境界，就能够拥有一
个好的前途，这是"德之上也"。第二种情况是，"若成功
不毁，即仍其旧，除其不急，损之又损"，"悦以使人，不
竭其力，常念居之者逸，作之者劳，亿兆悦以子来，群生仰
而遂性"，这样就能够得到一个中等的前途，这是"德之
次也"。第三种情况是，如果不考虑慎始慎终这个问题，
不考虑将会面临一个什么样的前景，追求奢华，"触类而
长，不知止足，人不见德，而劳役是闻"，让现状一天天坏
下去，那么这就是最坏的一种前途，"斯为下也"。从魏徵
以上的这些认识可以看出，他对朝代兴亡更迭这个问题
的思考，反映了他具有一种朴素的、探讨规律的意识。唐

太宗和魏徵所讨论的这个问题，无疑是在一个更高的理论层面上对历史借鉴思想的探讨。

一个盛大朝代的兴亡治乱，必然激发后人的思考，希望从中得到有益的启示。宋代史学家司马光《资治通鉴》、欧阳修《新唐书》、范祖禹《唐鉴》、孙甫《唐史论断》(此书为孙甫所著《唐史记》的史论部分)等，各骋其说，围绕"唐论"这个主题留下了丰富的理论遗产。以下历朝，亦多类此，不一一论述。降至明末清初，史学家、思想家王夫之从"为治之资"论述了历史借鉴的广泛性及其重要意义，他认为，从历史上看：

> 无不可为治之资者，无不可为乱之媒。然则治之所资者，一心而已矣。以心驭政，则凡政皆可以宜民，莫匪治之资；而善取资者，变通以成乎可久。设身于古之时势，为己之所躬逢；研虑于古之谋为，为己之所身任。取古人宗社之安危，代为之忧患，而己之去危以即安者在矣；取古昔民情之利病，代为之斟酌，而今之兴利以除害者在矣。得可资，失亦可资也；同可资，异亦可资也。故治之所资，惟在一心，而史特其鉴也。(《读通鉴论·叙论四》)

在这段论述中，王夫之强调了这样几点：一是要有从历史上探讨"为治之资"的自觉性；二是要有"宜民"的出发点；三是要掌握"变通"的方法论；四是要善于换位思考。做到这几点，则历史上的得、失、同、异，均可"为治之资"。从这个意义上说，历史就是"治之所资"的一面镜子。至此，王夫之把中国古代的历史借鉴思想发展到理论上的高峰。

以上所举天人关系、历史借鉴两个领域，粗略地梳理了它们的思想历程和理论形态，从中可以看出中国古代历史理论的传统和特点，而对于历史理论的其他领域，亦可作如是观。

三　中国古代史学中的史学理论

中国古代史学中的史学理论，大致是指自先秦至清末中国历史上人们关于史学（作为一种知识、一门学问的史学）发展中产生的基本理论问题的认识与撰述，它主要包含史学功用、史家修养、史学方法、史学批评等领域，而每一领域又由诸多问题构成，有广泛的涵盖面。其中，史学功用问题，是古往今来人们十分关注的重要问题，至今仍有其突出的现实意义。史家修养，反映了中国史家在这方面所积累的思想、道德遗产，对今天的史学工作者的修养和学风建设多有借鉴之处。史学方法，反映了中国史学的特点。史学批评，是推动史学发展的动力之一，也是联系史学与社会的桥梁之一，而关于批评之标准与方法则反映了中国史家的气度、见识与风采。

这里，仅举史学功用与史家修养两个领域略作概说。

先就史学功用来说，这是关系人们为什么要学习历史、研究历史进而重视史学的根本问题。人们从重视历史到重视史学，有一个发展过程。西周初年周公说的"我不可不监（鉴）于有夏，亦不可不监（鉴）于有殷"，这是对历史的重视。春秋时期楚国大夫申叔时说的"教之《春秋》，而为之耸善而抑恶焉，以戒劝其心"（《国语·楚语下》），这是对史书（春秋为当时国史的通称）的重视。至于战国时期孟子说："孔子成《春秋》而乱臣贼子惧"（《孟子·滕文公下》），这是进一步讲到史学的社会功用了。上文所论历史借鉴思想，本质就是史学的社会功用，而且是重要的社会功用之一。秦汉以下，人们关于史学功用的认识和论述日渐丰富，逐步形成了各具特色的理论体系。

——司马迁认为："居今之士，志古之道，所以自镜也，未必尽同。"(《史记·高祖功臣侯者年表序》）通过史书认识历史，把历史当作一面镜子作为自身行事的参考，这是司马迁对史学功用的认识，也是中国史学上较早提出如此明确的史学功用的理念。司马迁所撰《史记》的内容包含"历黄帝以来至太初而迄"(《史记·太史公自序》）的各方面史事及各阶层人物；他著史的方法是"网罗天下放失旧闻，考之行事，稽其成败兴坏之理"。其宗旨是"究天人之际，通古今之变，成一家之言"，其目的是"述往事，思来者"(《汉书·司马迁传》）。司马迁的这一史学体系，对中国古代史学产生了重大的、深远的影响。

———唐代史学家杜佑著《通典》二百卷，其撰述宗旨和撰述目的十分明确，即"所纂《通典》，实采群言，征诸人事，将施有政"(《通典》序）。"人事"是指历代制度，"群言"是指前人对制度的评论，"将施有政"是表明以此书作为自己和后人从政的考察。史学的经世致用宗旨，在这几句话里表明得极为清晰，同时显示出史与论的密切结合。尤其值得重视的是，《通典》九门内容在编纂上的逻辑结构，反映出了作者对国家职能和当时社会结构的深刻认识（参见《通典》序），即对于食货、选举、职官、礼、兵、刑、州郡、边防在编次上的合理处置。杜佑《通典》的史学体系，在中国古代典制体史书中成为典范。杜佑在《通典》中撰写的史论，有序、论及"说曰""议曰""评曰"（《通典·礼典二·沿革二·吉礼一》）的多种形式并综合运用于不同含义，在中国史论发展史上，亦属首创。

——宋代史学家司马光主编《资治通鉴》的宗旨和目的是："专取关国家盛衰，系生民休戚，善可为法，恶可为戒者，为编年一书，使先后有伦，精粗不杂。"（《进资治通鉴表》）突出"国家盛衰""生民休戚"这两件根本性质的大事，反映了史学家的宏大气度和忧患意识。这一编年体史学体系经后人不断研究，形成了一门"《通鉴》学"，可见其影响之深远。

——清人龚自珍作为文章家、诗人和史论家，并未形成自己的史学体系，但是他关于史学功用问题提出的两个涉及史学本质的论点却具有深刻的启示意义：一是"出乎史，入乎道，欲知大道，必先为史"（《龚自珍全集·尊史》）。"道"是道理，亦是原则；史对道是如此重要。二是"智者受三千年史氏之书，则能以良史之忧忧天下"（同上书，《乙丙之际箸议第九》）。忧患意识是上至一个国家、一个民族，下至一个个人都应当具备的品质，而"良史之忧"极具历史感同时代感相结合的启迪意义。龚自珍论史学的功用是对史学本质的高度概括。

以上是从几部有代表性的史著及史家言论,反映其史学功用的理论体系。当然,我们同样也可以从史学与畜德、史学与彰往察来、史学与惩恶劝善、史学与资治、史学与经世、史学与明道、史学与历史的关系等不同的专题,来梳理和阐述史学功用的理论体系。

再就史家修养来说,这是随着史学的发展,史学家对自身的要求也随之而提高,而社会对史学重视的程度也不断提高,这几个因素都直接或间接地推动着史家修养走向更加自觉的精神境界,从而不断丰富着这方面的认识和理论。

先秦时期,孔子称赞晋国史官董狐"书法不隐"(《左传·宣公二年》),被后人称为"董狐精神",可视为较早的关于史家修养的记载。孟子称说孔子重视"义"(《孟子·离娄下》),也在一定程度上反映了孔子修《春秋》时的修养,即讲求对史事的判断。司马迁著《史记》,以"究天人之际,通古今之变,成一家之言"为撰述目标,创造出纪传体通史巨著,反映了他对认识历史有很高的追求,这在很大程度上也反映了他在史学上的修养。其后，班固著《汉书》，"旁贯《五经》，上下恰通"，范晔著《后汉书》以史论见长，陈寿以总揽全局的见识和"善叙事"之长著《三国志》，李延寿"追终先志成一统"撰《南史》《北史》等，都可以视为这些史家在自身修养方面的优点和特点。

在李延寿之后，盛唐时期史学家刘知幾著《史通》一书，对以往史家、史书、史学活动进行总结性的批评，从而提出完整的、有一定体系的史家修养的理论。如果说他的"史才三长"论即术、学、识是史家修养的总的原则；那么，他的《史通》一书就是史家修养之优劣高下在具体撰述上的表现。刘知幾的史家修养论和史学批评论不仅在中国史学上闪耀着理论的光芒，就是在当时世界史学上也是无与伦比的。

宋人吴缜撰《新唐书纠谬》和《五代史纂误》，是中国史学批评史上的名作。吴缜继承并发展了刘知幾的"史才三长"论，提出：真正意义上的历史著作，应包含"事实""褒贬""文采"。三者之中，"事实"是基础，"事实"不确，谈不上作史；"褒贬"次之；"文采"又次之，三者兼具才是达到了"为史之要"（参见《新唐书纠谬》序）。这三个要素及其主次关系所构成的史家修养的理论体系，也可视为史学批评的理论体系，即使在当今，也还具有现实的生命力。

清代史学家章学诚进一步丰富、发展了刘知幾的"史才三长"论，同时也充分肯定了吴缜的批判精神和见解。他认为，在史才、史学、史识的基础上，应补充"史德"这一最重要的修养。他说的"史德"是指"著书者之心术也"。那么"心术"又是什么呢？章学诚明确指出：

> 盖欲为良史者，当慎辨于天人之际，尽其天而不益以人也。尽其天而不益以人，虽未能至，苟允知之，亦足以称著书者之心术矣。(《文史通义·史德》)

这里说的"心术"，归根到底，是对"天"即客观历史事实的尊重及充分的表述，同时也是对"人"即主观好恶倾向的谨慎。因此，他主张"著书者"应当"气平""情正"地对待著述工作。章学诚对于历史撰述中主观与客观之关系的认识，在18世纪的中国史学发展史上，确有鲜明的"超前"意识，即使运用他的这一观点来看待当今中外史学中的一些思潮，也是可以受到启发而有所借鉴的。章学诚肯定《新唐书纠谬》"用心精密，诚有功于研唐事者"

（《文史通义·唐书纠谬后》），也是从一个侧面说明史家修养的重要。

以上是从史家修养的传统意义上，简要地讨论了关于史家修养的理论。而在这一理论领域，我们同样可以运用专题研究的方法，从直书、曲笔、书法、史法、史意、信史、良史等专题展开梳理和论述，亦可各见其丰富的思想、理论遗产。

*　　*　　　*

中国古代史学中的历史理论与史学理论，涉及的方面十分广泛，又因有其传承的优良传统而不断丰富和深入，显示出独特的理论形态和表述方式。当今中国史学要有更大的发展、更大的进步，不论在历史理论方面，还是在史学理论方面，都有必要分别作更加深入的研究，而中国古代史学在这两个方面都有丰富厚重的遗产，可供当今史学工作者有计划地传承创新，进而建立起具有中国特色的历史理论体系和史学理论体系。

（原载《文史知识》2013年第8期）

从认识史学到认识历史

——中国古代史学观的理性发展

　　在人类的文明史上，自史学产生以后，人们很早就认识到史学的社会功能。从中国史学发展来看，春秋时期，人们认识到运用史书作为教材，向青年贵族进行历史教育和道德教育；战国时期，人们认识到史书在惩恶劝善方面具有广泛的社会影响，认识到"前言往行"对于自身"畜德"的重要。先秦时期的思想家们在阐述自己的思想时，往往也要征引史书中记载的史事或言论，以论证自己的学说等等。所有这些，都是在文明进程中潜移默化地、极其自然地发生和发展着。不论人们是否已经自觉地认识到，在这个过程中始终存在着一种思维的转换，即人们是从认识史学而走向认识历史，进而从历史中获得种种启示和教益，包括社会的、道德的、思想的等等。那么，这种思维的转换是怎样被人们认识到并从自觉阶段走向理性阶段的呢？本文旨在梳理、揭示中国古代史学家、思想家、政治家们的这一思维的转换过程及其思想成果，亦即其史学观的理论发展过程。

一　人们从史学而认识历史

先秦秦汉时期，人们对史学的社会功能的认识，已经提出了各自的见解，而孔子、孟子、司马迁、班彪、班固等人的见解尤其具有时代的特点，并对后世有很大影响。值得注意的是，先秦时期，人们已经具有通过阅读史书和文献而认识历史的思想[①]。东汉班彪因司马迁作《史记》而受到启发，更加明确地指出史书对于人们认识历史的重要作用，他说："夫百家之书，犹可法也，若《左氏》《国语》《世本》《战国策》《楚汉春秋》《太史公书》，今之所以知古，后之所由观前，圣人之耳目也。"（《后汉书·班彪传上》）这把史书对于人们能够"知古""观前"

[①]《国语·楚语上》记楚大夫申叔时语："教之春秋，而为之耸善而抑恶焉，以戒劝其心"，"教之故志，使知废兴而戒惧焉"等等。《论语·为政》记孔子语："殷因于夏礼，所损益，可知也；周因于殷礼，所损益，可知也。"《论语·八佾》又记孔子的话说："夏礼，吾能言之；杞不足征也；殷礼，吾能言之；宋不足征也。文献不足故也，足，则吾能征之矣。"

的作用表述得十分清楚了，而且还把这种作用比之于"圣人之耳目"。

魏晋以后，随着中国史学的不断发展，其社会影响日益扩大，史学家、思想家、政治家们对史学的社会功能的认识也不断深入，显示出一定的理论特色。大致说来，这种认识可以概括为以下几个方面：一是注重总结历史经验，作为当时社会活动尤其是政治活动的参考；二是重视制度史的撰述，从制度层面阐说治国安邦之道；三是阐述史学乃是人们认识历史、传承文明的路径和载体。这三个方面，都贯穿着史学的求真与经世，以及人们读史有裨于畜德与明道的思想传统。总的来看，这一时期的人们对史学的社会功能有了更深刻的感受和更开阔的认识，因而在理论上也有了新的进展。这里，我们着重讨论第三个方面的问题。

中国史学表明，从史学出现以后，它事实上在发挥着帮助人们认识历史同时也在承担着传承文明的作用。但是，当史学家、思想家和政治家们能够自觉地从理论上认识这一点并准确地把这一认识表述出来，那是南北朝以后的事情了。南朝梁人刘勰在《文心雕龙·史传》篇开篇写道："开辟草昧，岁纪绵邈，居今识古，其载籍乎！"意谓今人要知道往古之事，依靠的是"载籍"。当然，这里说的"古"含义是很宽泛的，包括"载籍"中所记录的远古的传说。但从刘勰所记的性质来看，"居今识古，其载籍乎"无疑是一个精炼的确论。

此后，史学家、思想家和政治家们对于史学在帮助人们认识历史和传承文明的社会功能方面，提出了一些有理论意义的问题和相关的阐述，成为古代史学理论成就的一个重要方面。

唐高祖的《命萧瑀等修六代史诏》和唐太宗的《修晋书诏》，是较早地明确提出这方面认识的两篇文字。武德四年（621），大臣令狐德棻向唐朝开国皇帝唐高祖提出

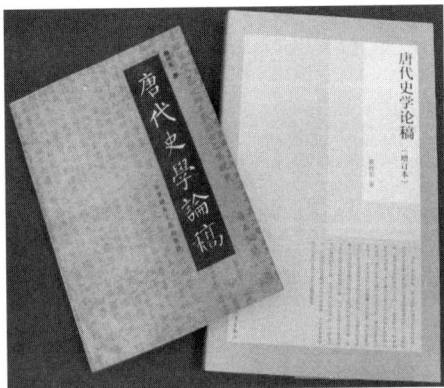

《唐代史学论稿》书影

撰修前朝史的建议，他认为："至周、隋遭大业离乱，多有遗阙。当今耳目犹接，尚有可凭，如更十数年后，恐事迹湮没。陛下既受禅于隋，复承周氏历数，国家二祖功业，并在周时。如文史不存，何以贻鉴今古？如臣愚见，并请修之。"（《旧唐书·令狐德棻传》）从这个建议来看，令狐德棻是一个很有历史见识和政治眼光的人，他后来参与了唐初一系列的史学活动，表明他作为唐代史学之开山的突出地位（《令狐德棻和唐初史学》，见瞿林东《唐代史学论稿》，北京师范大学出版社，1989年，第157~172页）。唐高祖接受了这一建议，并于次年下达了《命萧瑀等修六代史诏》。诏书写道：

司典序言，史官记事，考论得失，究尽变通，所以裁成义类，惩恶劝善，多识前古，贻鉴将来。伏牺以降，周、秦斯及，两汉传绪，三国受命，迄于晋、宋，载籍备焉。自有魏南徙，乘机抚运，周、隋禅代，历世相仍，梁氏称邦，跨据淮海，齐迁龟鼎，陈建皇宗，莫不自命正朔，绵历岁祀，各殊徽号，删定礼仪。至于发迹开基，受终告代，嘉谋善政，名臣奇士，立言著绩，无乏于时。然而简牍未编，纪传咸阙，炎凉已积，谣俗迁讹，余烈遗风，倏焉将坠。朕握图驭宇，长世字人，方立典谟，永垂宪则。顾彼湮落，用深轸悼，有怀撰次，实资良直。

（《旧唐书·令狐德棻传》）

从这篇诏书所述，有三个方面的问题值得注意：一是强调了"史官记事"的重要作用和深远意义，即"惩恶劝善，多识前古，贻鉴将来"；二是对于前代历史，如魏、周、隋、梁、北齐、陈等南北各朝，均作同等看待，反映了一个统一朝代君主的宏大胸怀；三是指出撰修前朝史的重大意义，即"方立典谟，永垂宪则"，"有怀撰次，实资良直"。从令狐德棻的建议到唐高祖的诏书，都不是一般的讨论史书"惩恶劝善"的社会功能，而是把史书和修史看作是政治上一件承前启后的历史性的工作。

贞观二十年（646），唐太宗的《修晋书诏》，把史书帮助人们认识历史的思想又向前推进了，使之更为具体，更便于人们理解。诏书写道：

朕拯溺师旋，省方礼毕；四海无事，百揆多闲。遂因暇日，详观典府，考龟文于羲载，辨鸟册于轩年。不出岩廊，神交千祀之外；穆然旒纩，临睨九皇之表。是知右史序言，由斯不昧；左官诠事，历兹未远。发挥文字之本，通达书契之源。大矣哉，盖史籍之为用也！

自沮诵摄官之后，伯阳载笔之前，列代史臣，皆有删著。仲尼修而采《梼杌》，倚相诵而阐《丘坟》。降自西京，班、马腾其茂实；逮于东汉，范、谢振其芳声。蕞尔当途，陈寿敷其《国志》；眇哉刘宋，沈约裁其帝籍。至梁、陈、高氏，朕命勒成，惟周及隋，亦同甄录：莫不彰善瘅恶，激一代之清芬；褒吉惩凶，备百王之令典。（《唐大诏令集》卷八一）

这一段话，是从总体上阐说了通过阅读史书而认识了历史，使之"神交千祀之外"，继而称赞史官和文字的结合而产生了史籍，进而发出了"大矣哉，盖史籍之为用也"的感叹。可以认为，这是从根本上道出了史学的社会功能。倘无史学的这种功能，则任何"惩恶劝善"，任何历史借鉴，都只能依靠口耳相传而难以求得其实，以致湮没无闻。唐高祖的《命萧瑀等修六代史诏》中说的"顾彼湮没，用深轸悼"的担忧，不是没有道理的。

一般说来，皇帝诏书由大臣起草，经皇帝认可而颁发的。上述两道诏书，不论出于大臣之手还是出于史官之手，都反映了唐初最高统治集团中的一些代表人物对史学的这一社会功能的深刻认识，并得到最高统治者的认可而发布出来。当然，唐初的史官、史家们，也对此直接发表过明确的见解。唐高宗显庆元年（656），史臣们撰写《五代史志》即《隋书志》，其总序开篇阐述了"经籍"对于"匹夫""王者"和社会的极其重大的作用，即"其为用大矣，随时之义深矣，言无得而称焉"。同时，又借用班彪之语说："今之所以知古，后之所以知今，其斯之谓也。"又说："书契以传，绳木弃而不用；史官既立，经籍于是兴焉。"（《隋书·经籍志一》）这里，不止是阐述史籍的作用，而是综论全部"经籍"即经、史、子、集、佛、道的文献。但归根结底，有两点非常明确，一是"今之所以知古，后之所以知今"，是"经籍"的作用；二是"史官既立，经籍于是兴焉"。正是这两点，把史学帮助人们认识历史、传承文明的作用都讲到了。这里，我们不妨做一个逆向考察：唐初史家的上述言论，证明班彪所言极是；班彪说的"今之所以知古，后之所以由观前"的话，证明司马迁的"述往事，思来者"所言极是；司马迁的这一见解，证明《易·大畜》所谓"君子以多识前言往行以畜其德"之古训所言极是，等等，都可以归结为"多识前古，贻鉴将来"这一无可比拟的史学之认识历史的功能和传承文明的功能。这就是为什么唐太宗会发出"大矣哉，盖史籍之为用也"的赞叹。

二 对史学社会功能认识的理性发展

上距唐太宗颁发《修晋书诏》六十余年，史学家刘知幾在他撰写的《史通》一书中，进一步阐述了关于史学社会功能的认识，他写道：

> 向使世无竹帛，时阙史官，虽尧、舜之与桀、纣，伊、周之与莽、卓，夷、惠之与跖、跻，商、冒之与曾、闵，但一从物化。坟土未干，则善恶不分，妍媸永灭者矣。苟史官不绝，竹帛长存，则其人已亡，杳成空寂，而其事如在，皎同星汉。用使后之学者，坐披囊箧，而神交万古，不出户庭，而穷览千载，见贤而思齐，见不贤而内自省。若乃《春秋》成而逆子惧，南史至而贼臣书，其记事载言也则如彼，其劝善惩恶也又如此。由斯而言，则史之为用，其利甚博，乃生人之急务，为国家之要道。有国有家者，其可缺之哉！（《史通·史官建置》）

同上举两道诏书的庄严堂皇的用语相比，刘知幾的表述格外显得深入浅出、通俗易懂而又耐人寻味。他首先提出历史上善恶同在如何区分的问题，接着用"史官不绝，竹帛长存"的优良传统回答了这个"难题"，进而说到人们因拥有史书而可以"神交万古""穷览千载"，于是可以"思齐"、可以"自省"，进而揭示出"史之为用，其利甚博，乃生人之急务，为国家之要道"这一意义重大的结论。

不论是"多识前古""神交千祀"，还是"神交万古""穷览千载"，在此前的士人那里，本是重复了无数次的活动，而这些极平常的活动对人们会产生什么样的影响？这种影响对于社会进程会发挥怎样的作用？这些看似很平常的事情，却饱含着史学之深层价值的所在。经上述两道诏书和刘知幾等史学家的有关论说，真正从本质上揭示了史学存在于人类文明社会的必要性及其最根本的社会功能所在。

应当特别强调的是，史学这种对于人们认识历史和传承文明的重要作用，在以少数民族贵族为主建立的皇朝之下，同样受到高度重视。元世祖至元元年（1264），当时南宋尚未灭亡，全国尚未平定，时任翰林学士承旨、资善大夫的王鹗，即上奏元世祖，建议设立专门机构纂修实录及辽、金二史，他写道："自古帝王得失兴废可考者，以有史在也。我国家以神武定四方，天戈所临，无不臣服者，皆出太祖皇帝庙谟雄断所致，若不乘时纪录，窃恐久而遗亡，宜置局纂就实录，附修辽、金二史。"他又写道："唐太宗始定天下，置弘文馆学士十八人，宋太宗承太祖开创之后，设内外学士院，史册灿然，号称文治。堂堂国朝，岂无英才如唐、宋者乎！"（《元史·王鹗传》）王鹗的奏章有两点尤其值得注意：一是开宗明义指出："自古帝王得失兴废可考者，以有史在也"，若不乘时纂修本朝史，"窃恐久而遗亡"，这是把史学之有助于认识历史和传承文明二者都讲到了。二是他举唐、宋为例并以其为榜样来建议元世祖，并得到"皆从之"的回应。由此可见，史学的这一本质性的社会功能对促进各族的历史文化认同具有无可替代的重要作用。同时，王鹗的奏章也从一个方面说明了中华文明发展之连续性的特点。

在中国史学上，人们从认识史学到认识历史和传承文明的理性自觉，还可以从另一个侧面反映出来。这就是明朝统治者重实录而不修国史，因而引起学人的诸多忧虑，不解者有之，批评者有之，建言者有之，反映了学人对本朝国史的重视。正是在这种史学氛围中，王志坚的《读史商语序》却道出了不俗之言，可以上承先贤之意，他写道：

> 古今之变，圣人之所不能违也。而史于是焉重？固得失之林，而法戒之所从出也。史盖莫备于周，既经秦火而其书不尽传。汉初藏于民间者，相继复出于时，老生宿儒往往亦口传而笔授，若《春秋》一经，而《公羊》《榖梁》《左氏》专门之学，凡三家并行于世。非周监二代，一何文之郁郁若是盛哉！迁、固以降，何代无史氏，何国无史书，至天下分为南北而史益蹐驳，然至于今而尤得论其世者，固赖夫史之各有传也。是故胜国之绪馀，而兴王必垂于纪。录前人之否臧，而后嗣亟为之叙次，惧夫迹之湮，而遂至于无可考耳。此诚王者所以垂宪百代之深意也。（《续修四库全书》第四四九册）

这段话很有见地，也很有力量。作者认为，史学可以帮助人们认识"古今之变"，这是"圣人"也不能违背的；而史书所记得失正是"法戒"产生的根据；当今人们还能反过来去评论某一时代，不正是因为有史书的存在吗，可见修史的重要。

以上这些足以说明，当真理被人们所认识并表述出来时，常常显得很自然、很平实。史学是人们认识历史的主要途径，是文明传承的载体，这一重大思想成果的产生也是如此。

三　从认识史学到认识历史的丰富性

人们从认识史学走向认识历史的认识活动，其中包含着这样一条客观规律，即随着史学的发展和史书体裁的演变与丰富，人们通过史学认识历史的途径越来越多，进而从理论上对这一认识活动的概括也就越来越明确。

刘知幾《史通·二体》篇针对编年体史书和纪传体史书的特点和长处，指出：

> 夫《春秋》者，系日月而为次，列岁时以相续，中国、外夷，同年共世，莫不备载其事，形于目前。理尽一言，语无重出。此其所以为长也。
>
> ……
>
> 《史记》者，纪以包举大端，传以委曲细事，表

以谱列年爵，志以总括遗漏；逮于天文、地理、国典、朝章，显隐必该，洪纤靡失。此其所以为长也。（《史通·二体》）

这是对"二体"长处的概括，实质上也是人们通过这两种体裁的史书去认识历史的两种途径。其中，纪传体史书可以认为是帮助人们全面认识历史的途径，但需要人们在认识过程中善于综合纪传体史书各部分所提供的历史知识，使这一认识活动收到融会贯通的效果。至于编年体史书，以年代顺序记事，是其一大优点，而于历史人物及其主要言论涉及不多，因而需要从其他的史书体裁所记历史内容来补充这一认识活动，以丰富对历史的认识。

杜佑《通典》一书，为人们从制度层面提供了认识社会历史演变的途径，提供了人们对国家职能及其政治结构之整体认识的清晰思路和逻辑联系。时人李翰《通典序》对此做了明确的阐述：

今《通典》之作，昭昭乎其警学者之群迷欤？以为君子致用，在乎经邦，经邦在乎立事，立事在乎师古，师古在乎随时。必参今古之宜，穷始终之要，始可以度其古，终可以行于今，问而辨之，端如贯珠，举而行之，审如中鹄。夫然，故施于文学，可为通儒，施于政事，可建皇极。故采《五经》群史，上自黄帝，至于我唐天宝之末，每事以类相从，举其始终，历代沿革废置及当时群士论议得失，靡不条载，附之于事。如人支脉，散缀于体。凡有八门，勒成二百卷，号曰《通典》。非圣人之书，乖圣人微旨，不取焉，恶烦杂也。事非经国礼法程制，亦所不录，弃无益也。若使学者得而观之，不出户知天下，未从政达人情，罕更事知时变，为功易而速，为学精而要。其道甚直而不径，其文甚详而不烦，推而通，放而准，语备而理尽，例明而事中，举而措之，如指诸掌，不假从师聚学，而区以别矣。非聪明独见之士，孰能修之。（《通典序》，见杜佑《通典》书首）

李翰序文的主旨是论述《通典》作者的经世致用的撰述旨趣，同时也阐述了《通典》一书对于人们认识历史的重要价值。这一认识把刘知几所说的"志以总括遗漏"的思想提高到崭新的境界。

当司马光"专取国家盛衰，系生民休戚，善可为法，恶可为戒者"（司马光《进资治通鉴表》，见《资治通鉴》

附录），撰成《资治通鉴》一书并盛行于世时，中国古代的编年体史书的成就达到了它的高峰。于是元代史家马端临概括了《通典》和《资治通鉴》对于人们认识历史的不同途径及其重要意义。他指出："唐杜岐公始作《通典》，肇自上古，以至唐之天宝，凡历代因革之故，粲然可考。"又说："至司马温公作《通鉴》，取千三百余年之事迹，十七史之纪述，萃为一书；然后学者开卷之余，古今咸在。然公之书，详于理乱兴衰，而略于典章经制，非公之智有所不逮也，编简浩如烟埃，著述自有体要，其势不能以两得也。"（《文献通考》序）同刘知幾、李翰一样，马端临论述《通典》和《资治通鉴》二书内容的特点，同时也是指出了人们通过《通典》《资治通鉴》去认识历史的两条途径：前者是"典章经制"的途径，后者是"理乱兴衰"的途径。应当指出，李翰和马端临同刘知幾的论述有一个明显的不同之处，即李翰、马端临的论述，在讲到史书内容及其特点时，都有鲜明的经世致用的思想，而刘知幾则只是就史书内容进行分析。

《资治通鉴》问世后，续作者、改编者、注释者蜂起，产生了许多新的历史著作。其中，南宋史家袁枢的《通鉴纪事本末》是重要的代表性著作之一。《资治通鉴》和《通鉴纪事本末》都是记事之书，前者重视事件的时间顺序，故于同一时间并列同时发生的诸多事件，依时间推移而逐一记之；后者重视每一事件之本末，故所记之事，皆一一详其始终。在中国古代学人的思维模式中，历来是重视事物的"本末""终始""源流"的。《礼记·大学》说："物有本末，事有终始。"《荀子·富国》也有"知本末源流之谓也"的说法。这里说的"本末"，有轻重、主次之意，也有详其始末、源流之意。司马迁撰《史记》，旨趣之一是"原始察终，见盛观衰"（《史记·太史公自序》）；他在讲到自己的不幸遭遇时，也说"事本末未易明也"（《汉书·司马迁传》）。唐人皇甫湜撰《编年纪传论》，文中亦有"尽事之本末"之句。任何客观历史事件，总是有本有末，有始有终；史学家通过纷繁的历史现象，原始察终，阐本述末，以记述一个个历史事件的发生、发展过程，是历史撰述中主体反映客体的基本特征。《左传》中已包含了这一认识和表述历史的特征。即以编年、纪传二体的全貌来看，这种认识和表述历史的特征也都是存在的，只是或被编年记事所限，或被纪表志传所隔，不能一目了然罢了。史书体裁的辩证发展和史家在认识历史上的渊源以及史家所处社会环境提出的要求，终于促成了中国史学上第四种主要史书体裁——纪事本末体的成熟和发展。

南宋史学家袁枢是采用纪事本末的形式撰成独立的历史著作的第一人。《宋史》本传说他"常喜诵司马光《资治通鉴》，苦其浩博，乃区别其事而贯通之，号《通鉴纪事本末》。"（《宋史·袁枢传》）这个简略的记载说明，纪事本末体史书的出现，除了上面讲的那些原因之外，也还有一个极重要的具体条件，这就是编年体巨著《资治通鉴》的问世及其产生的广泛的社会影响。

袁枢把"浩博"的《资治通鉴》"区别"为二三九"事"，因事命篇，合为四十二卷。而所谓"贯通"，一则是指每事皆详其本末，明其首尾；一则是指事与事之间略依时间先后编次。全书以"三家分晋"开篇，以"世宗征淮南"收卷，仍保持通史的体例。对于不便独立成篇的事件，则附于有关事件之下；而于篇名之下，有时也注明人名或具体事目，使观者一目了然。全书卷次、所述史事的时期、事目多寡如下：卷一，述战国与秦事，事目三；卷二至卷八，述两汉事，事目四十三；卷九至卷一二，述三国西晋事，事目十八；卷一三至一八，述东晋十六国事，事目四十四；卷一九至卷二六，述南北朝与隋事，事目四十八；

卷二七至三八，述唐事，事目六十二；卷三九至卷四二，述五代十国事，事目二十。由此可以看出《通鉴纪事本末》一书的结构及其详略所在，以及它的通史特点。

自称跟袁枢"志同志，行同行，言同言"，"相劳苦，相乐且相慭于学"的著名诗人杨万里，于宋孝宗淳熙元年（1174）为《通鉴纪事本末》作序。序中讲到了本书特点和价值。他概括本书的特点是："大抵搴事之成；以后于其萌；提事之微，以先于其明。甚情匿而泄，其故悉而约，其作窕而桄，其究遐而迩。其治乱存亡，盖病之源、医之方也。"道出了纪事本末体史书的主要特点，即阐述一件史事的结果之前，总要先阐述它的起因；说明一件史事的发生，总要渐次说到它的发展。中间四句，是评价本书在文字表述上的成功。末了两句，是强调本书对历史上治乱存亡的总结所具有的现实意义。序文一方面指出本书克服了《资治通鉴》"事以年隔，年以事析"的状态，一方面也认为本书是"入《通鉴》之户"的路径，还是肯定了《通鉴》的史学地位。

纪事本末体史书不同于以往编年、纪传、典制三种史书各以时间、人物、制度为纲，而是以事件为纲，着意于叙述每一件重大史事的发展过程、因果关系及其产生的影响；若干件重大史事的连缀，又会使人们在更长的时段和更大的空间里认识历史发展的过程及其因果关系，以及在更大范围里的影响。这是史家在认识历史上的发展和深化。此外，这种体裁的基本形式是因事立目，较少受到体例上的局限，有广阔的容量来容纳诸多史事，使形式和内容更便于协调一致；只要取舍适当，就能使史书内容丰满而形式又不显得臃肿。这两点，是它在历史认识上和历史编纂上的主要特点。

＊　　　＊　　　＊

人们对历史的认识本源自历史本身，但随着时间的推移和史学的发展，人们对过往历史的认识不能不依据史书所记载的"历史"，这是从客体到主体，再由主体到客体循环往复的辩证关系。中国史学以其时代的连续性、内容的丰富性、体裁的多样性，为人们从认识史学走向认识历史、认识文明的传承开辟了广阔的道路。

（原载《学术研究》2011年第6期）

杂谈正史和野史

正史和野史，是人们学习、研究历史不可缺少的两大部类史料。千多年来，学人对于正史和野史的涵义以及它们分别在史料学之价值的认识，看法歧异，以至大相径庭。对上述问题的正确认识，乃是关系到正确对待史学遗产的问题，对当前的史学研究有着现实意义。

一

正史和野史的区分及其名称的产生，是在中国古代史学已经充分发展的情况下出现的。金毓黻先生认为："正史之名，始见《隋志》。"（《中国史学史》，中华书局，1962年，第102页）此乃本于《四库全书总目》"正史之名，见于《隋志》"（《四库全书总目·史部·正史类》序）之说。而新编《辞海》（1979年）则谓："梁阮孝绪有《正史削繁》，正史之名始见于此。"《隋志》成书于7世纪中期即唐高宗显庆元年（656），而阮孝绪（479—536）是5世纪和6世纪之交的人，其《正史削繁》当比《隋志》早一百二三十年。可惜阮书已佚，故我们现在讨论正史涵义，只有从《隋志》说起。

《隋书·经籍志》于史部书首列正史类，其序曰："古者天子诸侯，必有国史，以纪言行，后世多务，其道弥繁。……自是世有著述，皆拟班、马，以往正史，作者尤广。一代之史，至数十家。"可见《隋志》所谓正史，指的是《史记》《汉书》一类的纪传体史书。除纪传体各史之外，尚包括关于这些史书的集注、集解、音训、音义、驳议等著作。刘知幾撰《史通》，特叙《古今正史》篇，然其所谓正史涵义与《隋志》大不相同。他在《史通·古今正史》篇结末处写道："大抵自古史臣撰录，其梗概如此。盖属词比事，以月系年，为史事之根本，作生人之耳目者，略尽于斯矣。自余偏记小说，则不暇具而论之。"这里，刘知幾是把自古以来凡"史臣撰录"之书，尽视为"正史"。因此，上起先秦的《尚书》《春秋》，下迄唐初的官修诸史，不论编年、纪传，都在《古今正史》论列范围之内。他的正史涵义比《隋志》宽广得多。以上两种关于正史的涵义，对后世都有一定的影响。

《旧唐书·经籍志》承《隋志》体例，也于史部书首列正史，"以纪纪传表志"。《新唐书·艺文志》《宋史·艺文志》均因之。清中叶所修《四库全书总目》进一步发展了这一传统认识，其《史部总序》云："今总括群书，分十五类。首曰正史，大纲也。"《正史类序》又称："正史之名，见于《隋志》，至宋而定著十有七。明刊监本，合宋、辽、金、元四史为二十有一。皇上钦定《明史》，又诏增《旧唐书》，为二十有三。近搜罗四库，薛居正《旧五代史》得衰集成编，与欧阳修书并列，共为二十有四。今并从官本校录，凡未经宸断者，则悉不滥登。盖正史体尊，与经义配，非悬诸令典，莫敢私增，所由与稗官野史异也。"这是把"钦定"的《史记》等二十四史列为正史，并强调"未经宸断"，"悉不滥登"，"非悬诸令典，莫敢私增"，从而使正史处于史书中之最崇高地位。而有关正史的训释音义、掇拾遗阙、辨正异同、校正字句等著作，均分别列于各史之后。自是，近二百年来，正史即"二十四史"遂成为一个固定的概念，至今为人们所袭用。

与上述传统认识有较多歧异的，是清代雍、乾之际定稿刊正的《明史》，其《艺文志·序》写道："四部之目，昉自荀勖，晋、宋以来因之。前史兼录古今载籍，以为皆其时柱下之所有也。明万历中，修撰焦竑修国史，辑《经籍志》，号称详博。然延阁广内之藏，竑亦无从遍览，则前代陈编，何凭记录？区区掇拾遗闻，冀以上承《隋志》，而赝书错列，徒滋讹舛。故今第就二百七十年各家著述，稍为厘次，勒成一志。"因此，《明史·艺文志》"正史类"所列之书皆为最近二百七十年之著作，内容多系宋、元、明三朝史事，体例则包含纪传体、编年体、纪事本末体。这显然是受了刘知幾《史通》之《古今正史》篇和《书志》篇的影响所致。现代史家华岗曾经给"正史"作一定义，其涵义颇类于刘知幾之说。他在《中国历史的翻案》一书中写道："所谓正史者，就是经过历代帝王的承认之一大套合法的官史，而且自唐代以迄于清代，其间所成的正史，都是由帝王所钦命的史官编纂而成的。"

以上关于正史的两种认识，一是指纪传体国史而言，二是指官修史书而言。前者内涵比较具体，后者内涵则过于广泛。鄙意以为：我们今天所称"正史""野史"，只是袭用史学上的一种习惯说法。我主张：史学工作者在研究工作中，对上述两种"正史"概念应有所区别：在一般

情况下，可指官修史书为正史；在特定的情况下，似以沿用
《四库全书总目》的说法为宜。

二

野史的出现，不独是对正史的补充，而且也大大丰富
了史学的内容。

野史之名，始见于唐。陆龟蒙有诗云："自爱垂名野
史中"（《奉酬袭美苦雨见寄》）。陆龟蒙（？—881），唐
末人，弃官隐居，躬耕于松江甫里，撰著不倦。这样一个
"隐君子"，写出"自爱垂名野史中"，应当说是很自然
的。在陆龟蒙看来，只有达官显贵才能上"正史"，而他
这位"江上丈人"则以入"野史"为高洁。由此我们亦可
窥见：野史和正史是大不一样的。史载："（唐昭宗）龙纪
中，有处士沙仲穆纂野史十卷，起自大和，终于龙纪，目
曰《大和野史》"（《唐会要·史馆上·修国史》、《册府元
龟·国史部·采撰二》）。沙仲穆与陆龟蒙大致同时代。这
或许是迄今我们所知道的第一部以"野史"为名的野史
著作。两宋以下，以野史命名的著作就逐步多了起来。如
北宋龙衮撰《江南野史》，记述南唐史事；《宋史·艺文

志》二、三分别著录《新野史》十卷和《野史甘露记》二卷；《明史·艺文志》"杂史"类著录《野获编》八卷、《傃庵野钞》十一卷、《三朝野记》七卷、《野记矇搜》十二卷、《南诏野史》一卷；清代以来则有《南明野史》《清季野史》等等。实际上，以野名史者只是野史中的极少一部分，野史的真正数量要比这大得多。宋人左圭所编《百川学海》、元人陶宗仪所编《说郛》、清留云居士所辑《明季稗史》，以及近人编纂的《清朝野史大观》等书，都汇集了丰富的野史资料。

从野史的渊源来看，它本是杂史的一部分。唐沙仲穆所撰《大和野史》，《新唐书·艺文志》即著录于"杂史"类。明祁承㸁著《澹生堂藏书目》，于"杂史"类分列野史、稗史、杂录三目。这都证明野史实出于杂史。《隋书·经籍志》史部"杂史"类小序，概述了杂史在有关体例、作者、内容上的几个特点。从体例上看，西汉以来，有些史书，"属辞比事，皆不与《春秋》《史记》《汉书》相似，盖率尔而作，非史策之正也"，此其一；从作者身份来看，东汉末年，"天下大乱，史官失其常守。博达之士，愍其废绝，各记闻见，以备遗亡。是后群才景慕，作者甚众"，此其二；从所记内容来看，东汉以下，史学逐渐突破官府藩篱向民间发展，故"学者多钞撮旧史，自为一书，或起人皇，或断之近代，亦名其志，而体制不经。又有委巷之说，迂怪妄诞，真虚莫测"，此其三。杂史所具有的这几个特点，使它和正史有着明显的界限和区别，也可以说是它"野"的表现。"杂"与"野"是有联系的。刘知幾《史通·杂述》篇，胪列正史以外的"史氏流别"凡十种：偏记、小录、逸事、琐言、郡书、家史、别传、杂记、地理书、都邑薄。其中，即有不少属于野史之列①。

宋明以降，野史发达。明人高儒于嘉靖十九年撰成《百川书志》，其于《史志》篇新创《史咏》《文史》《野史》《外史》《小史》等类，将野史独立成目。而所谓"野史"的内涵亦愈来愈宽。宋人洪迈论说野史，曾举沈括《梦溪笔谈》为例，而元修《宋史》则将《梦溪笔谈》著录于《艺文志》之"小说"类，清修《四库全书》又把它列入子部"杂家"类。又如上文提到的《新野史》在《宋史·艺文志》中居于"别史"类，而《野史甘露记》和《大和野史》则又著录在"传记"类。可见，宋元以来，"野史"所包揽的范围越来越广泛了。至近代，梁启超始明确

---

① 按：《史通·杂述》篇失于过"杂"，不如《隋志》"杂史"类论列清晰，且地志不应入于杂述，异闻似应归于小说。

地把别史、杂史、杂传、杂记等统称为野史（梁启超《中国历史研究法》，商务印书馆，1933年，第70～71页），这是史家对"野史"内涵第一次做出比较确切的规定。现代史家谢国桢先生认为："凡不是官修的史籍，而是由在野的文人学士及贫士寒儒所写的历史纪闻，都可以说是野史笔记，也可以说是稗乘杂家。"（《明清野史笔记概述》，《史学史资料》1980年第5期）此说与上文所引华岗关于"正史"的定义，可以互相对照。

总上，关于野史的内涵，也有两种认识：谢国桢所说"野史笔记，稗乘杂家"，是广义的野史，梁启超所谓别史、杂史、杂传、杂记统称野史，乃狭义的野史。前者易于使人明了，后者内涵比较确切，二说各有长处。我认为，在一般情况下可采用谢国桢说，在特定情况下应依梁启超说。

在历史上，尤其是明清以下，学人还常把野史称作稗史。如明商濬编刊《稗海》一书，收历代野史杂记七十余种，清留云居士辑录《明季稗史》一书，共汇刊十六种野史笔记，等等。这种称野史为稗史的说法，其实是不正确的。考"稗史"之说，盖源于《汉书·艺文志》："小说家者流，盖出于稗官。街谈巷语、道听途说者之所造也。"颜师古注引如淳曰："街谈巷说，其细碎之言也。王者欲知闾巷风俗，故立稗官使称说之。"然师古并不同意这种说法，乃进而注曰："稗官，小官。《汉名臣奏》唐林请省置吏，公卿大夫都官稗各减什三，是也。"由于人们忽视师古注文，于是把稗官和小说等同起来，造成一系列错误。余嘉锡先生在《小说家出于稗官说》一文中，对此详加辨析，指出："自如淳误解稗官为细碎之言，而《汉志》著录之书又已尽亡，后人目不睹古小说之体例，于是凡一切细碎之书，虽杂史笔记，皆目之曰稗官野史，或曰稗官小说，曰稗官家。"（《余嘉锡论学杂著》上册，中华书局，1963年，第278页）把一切细碎之书称为"稗官小说"，已失却原意，固不可，而把它们称作"稗官野史"或"稗史"，进而又以稗史泛指野史，则尤其不可。如上所述，稗官本是小官，任务是采访闾巷风俗、民间琐闻，故小说家出于此。若其所记内容，或与史事有关，后人称为稗史，还勉强说得通；若以其所记尽称稗史，或竟以稗史包举野史，显然是不妥当的。因为：按《汉志》本意，稗官所记，系"街谈巷语、道听途说"，但野史内容却不仅限于此，而较前者宽广得多。清人潘永因《宋稗类钞》、近人徐珂《清稗类钞》，以杂记琐事之史籍为稗史，似较为允当。

三

从史料学的角度来看，正史和野史都具有重要的史料价值。问题在于，这里是否存在着轻重之分、主次之别？

《隋书·经籍志》列正史为史部之首，足见其对正史的尊崇。其于杂史，则谓："然其大抵皆帝王之事，通人君子，必博采广览，以酌其要，故备而存之。"这里说的"博采广览，以酌其要"不主张对杂史兼收并蓄，是很有道理的。刘知几对于这个问题的认识比《隋志》更为明确，他在《史通·杂述》中主张对"杂述"诸史"择其善者而从之"，是正确的。我认为，这些意见可以作为我们对待野史应持态度的借鉴。

《隋志》和《史通》的上述看法，也是符合野史的实际情况的。野史笔记的作者，虽往往自言是为了助谈笑、遣余年，其实恰如唐李肇撰《国史补》所说，就是"虑史氏或阙则补之意"。唯其如此，在史学史上，自唐宋迄于明清，野史笔记为许多史学名家所重视；甚至有人认为，野史的寥落，直接影响着正史的编撰。清人昭梿论金、元史云："自古稗史之多，无如两宋，虽若《扪虱新语》《碧鸡漫录》不无诬蔑正人，然一代文献，赖兹以存，学者考其颠末，可以为正史之助。如金、元二代，著述寥寥，金代尚有《归田录》《中州集》等书，史官赖以成编；元代惟《辍耕录》一书，所载又多系猥鄙之词，故宋（濂）、王（祎）诸公不得不取材诸碑版、行状等词，其事颇多溢美。"（昭槤《啸亭杂录》卷二"金元史"条，中华书局，1980年）昭槤认为，众多野史可以作为撰述正史的材料来源之一，是不错的。

近年，刘叶秋所著《历代笔记概述》（中华书局，1980年）一书，对历史琐闻和考据辩证二类笔记的史料价值作了很好的分析，认为它们是研究一代史实、典制、掌故、风习所不可缺少的资料，因为"从史料方面来说，历代笔记的许多具体而详尽的记载，往往不见于官修史书，足以帮助我们搞清事实真相"。这个论断，无疑是正确的。然而值得注意的是：近五六十年来，有一种过分抬高野史史料价值、过分贬低正史史料价值的倾向，应当引起史学研究者的注意。1922年，梁启超著《中国历史研究法》便是这样。他还举出若干史例，助成此说。梁氏重视野史的史料价值，当然是对的；但是，他把野史捧得过高，以至于认为"不知谁何之人所作半通不通之笔记"，竟可与《史记》《汉书》"作等夷视也"，这就未免不近情理了。

1945年，翦伯赞先生《略论中国文献学上的史料》一文，进而提出这样的观点："就史料价值而论，正史不如正史以外之诸史，正史以外之诸史，又不如史部以外之群文。"（翦伯赞《史料与史学》，国际文化服务社，1946年，第8页）翦老在史学上有重大的贡献。但是他的上述论断，实为未妥。治史者应将一切文献均视为史料，此固无疑；但若以为史书不如他书可靠，正史不如野史重要，这就轻重颠倒、主次混淆了。大约与翦老撰写上文同时，华岗先生在《中国历史的翻案》一书内论述"正史和野史"，也存在着类似的偏向。谢国桢先生的《明清野史笔记概述》一文中对"正史"的看法，我认为也是值得进一步讨论的。谢氏说："我感觉到一部'二十四史'，虽然不能说全部都是谎言，但是官修的'正史'，都是站在统治阶级立场上，除了记载朝章制度、帝王将相、政治的严格、官吏的升沉而外，其记社会经济情况，朝野遗闻，劳动人民创造历史和生产出来的财富的事迹，那就微乎其微。"尽管"二十四史"存在着种种局限性（如阶级的局限性、史料的局限性等等），但若把它视为近于谎言的欺骗，似乎有点简单化了。史学既是阶级社会的产物，当然是政治统

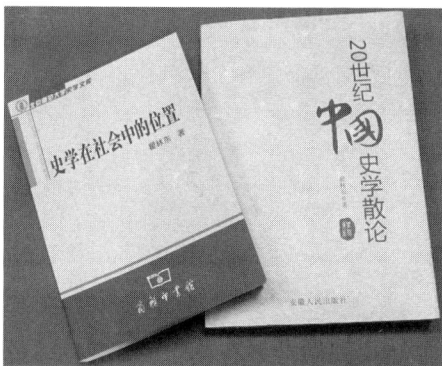

作者著作书影

治的工具，是为某一阶级的利益服务的。当今史学工作者的任务，是运用马克思主义的科学理论"重新研究全部历史"，透过现象，揭示本质，取其精华，去其糟粕，"把历史的内容还给历史"。如果只是简单地宣布以往的史书（尤其是正史，或者说是"二十四史"）"不真实""不可靠"、近于"谎言"等等，史学工作者就难以完成上述任务；因为我们仅仅凭借野史，或是主要凭借野史，是不能恢复历史的面目的。

究竟怎样认识正史和野史在史料学上的价值呢？笔者认为，正史依然是我们了解一代历史的主要材料，而野史则具有对正史的补阙、充实和纠谬的作用；有了前者，后者才得以发挥作用，而后者的存在，又将使前者更加完善。这里有两个问题必须明确：

第一，按照马克思主义的阶级分析方法来看，产生于阶级社会的历史著作，不论是正史、野史，都不可能为人民写历史、写人民的历史。《史记》中的《陈涉世家》在古代史书中，可谓凤毛麟角。这虽然并不代表司马迁的全部历史观和政治观，却仍不免遭后人（包括刘知幾这样的大史学家）的抨击。野史笔记中仇视、诬蔑农民起义的恐不在正史之下。当然，由于野史笔记多出于"在野"文人之手，故对当时统治集团维护、忌讳或许少些，笔触较为直截。但决不能因此得出结论：野史可靠，正史不可靠。对旧史来说，"可靠"和"不可靠"，本是相对而言的。从全国历史来看，或者从某一皇朝的历史来看，也就是从整体上看，正史所记应比野史"可靠"，因为野史没有反映历史的全貌，而只反映了历史的一隅。反之，若就某时某地某事某人而言，正史所书，由于种种原因，往往语焉不详。而有关野史杂说则记述甚详，故而又比正史显得"可靠"。

第二，按照马克思主义的历史主义观点来看，我们对待历史遗产（包括史学遗产），均应给以批判的总结，实事求是地评价它们在历史上的作用、地位和影响，而不应在强调某一方面遗产的重要作用的同时，不恰当地贬低另一方面遗产的历史价值。近二百年来，许多论者对唐、五代以下的官修史书大加挞伐，似乎官修史书已经成了史学发展的赘瘤。但是，为什么官修史书累朝不废呢？这除了统治集团需要控制史书编纂的政治原因之外，还有没有其他客观条件上的原因（如文献愈来愈多，社会生活愈来愈丰富，科学技术愈来愈进步）呢？我以为是需要认真研究的。再说后一皇朝为前一皇朝修史，是我国史学的一个优良传统，我们不应以"官修史书"为由，把这一优良传统轻易地抹杀。

四

有些论者在评价正史和野史的价值时，或是在抬高野史地位、贬低正史地位时，往往引证鲁迅《华盖集·忽然想到》内的一段话："历史上都写着中国的灵魂，指示着将来的命运，只因为涂饰太厚，废话太多，所以很不容易察出底细来。……但如看野史和杂记，可更容易了然了，因为他们究竟不必太摆史官的架子。"毫无疑义，鲁迅的话是深刻的、正确的。但是，这并不能成为一些论者抬高野史、贬低正史的根据和佐证。依笔者浅见，鲁迅这段话，说明了三个问题：

第一，应当重视野史、杂记。鲁迅在他的文章中，不只一次地谈到野史的重要性。他认为：野史记事比较直截了当，不太摆史官架子，"看往事却可以较分明"，对社会的揭露较深刻。野史出于私家之手，在地主阶级内部的矛盾、斗争、倾轧中，它"不免杂恩怨之私"，这是它不可能据实直书的原因之一；然总的来看，尚不算过分。但鲁迅提倡读宋、明野史，不能仅仅看作是讲历史，而主要的是讲政治、讲现实，根本目的是为了提醒人们注意历史的教训。因此，我们在理解鲁迅的上述论断时，亦不应脱离他所处的社会条件，不可忽视他说这些话的真正含义。

第二，鲁迅并未否认正史的重要性，这一点，常常被一些抬高野史、贬低正史的论者所忽略。就在上面所引的《华盖集·忽然想到》那段引文之前，鲁迅还写道："先前，听到二十四史不过是'相斫书'，是'独夫的家谱'一类的话，便以为诚然。后来自己看起来，明白了，何尝如此。"这里说明，鲁迅对正史的看法也是有个发展过程的。他经过自己的读史、思索，改变了"相斫书"之类简单的看法，于是写出了这样一字千钧的话："历史上都写着中国的灵魂，指示着将来的命运。"鲁迅愈到晚年，对正史也愈为重视。1932年8月，他在《致台静农》信里写道："早欲翻阅二十四史，曾向商务印书馆豫约一部，而今年遂须延期，大约后年之冬，才能完毕，惟有服鱼肝油，延年却病以待之耳。"作为文学家、思想家和革命家的鲁迅，他的深邃的眼光和敏锐的思想，亦颇得力于历史的启迪。

第三，鲁迅对正史的这个认识和分析，确是很高明的。按照鲁迅的意思，历史上原来"都写着中国的灵魂，指示着将来的命运"的，人们若能抹掉那厚厚的"涂饰"，沙汰那层层的"废话"，则可"察出""灵魂"和"前途"的"底细"来的。鲁迅从正史中，一方面看到了"帝王将相的家谱"，另一方面又看到了"中国的脊梁"的光辉。鲁迅对待历史遗产的这种严肃认真的批判精神，以及他把"脏水"和"小孩"严格加以区别的实事求是态度，都是值得我们学习的。只引鲁迅先生的一段话作为抬高野史、贬低正史的证据，是不妥当的。

（原载《江淮论坛》1982年第3期）

事实·褒贬·文采
——宋代史家吴缜作史三原则说的理论意义

一

人们研究历史，至少要包含认识历史和历史撰述两个过程，前者是后者的基础，后者是前者的结果和升华，即由思想转变成著作（时下常称作文本）的过程。

中国史家对于历史撰述，历来有很高的要求。孔子是我们现在已知的开创私人撰史的第一人，《左传》作者称赞《春秋》说："微而显，志而晦，婉而成章，尽而不汙，惩恶而劝善，非圣人谁能修之。"（《左传·成公十四年》）又，《穀梁传·桓公五年》称："春秋之义，信以传信，疑以传疑。"司马迁进而指出："至于《春秋》，笔则笔，削则削，子夏之徒不能赞一辞。"（《史记·孔子世家》）

以上这些说法，都是从历史撰述的角度和要求对

《春秋》的评论。至于孔子本人对待认识历史、解释历史是持怎样的态度呢？他说："夏礼，吾能言之，杞不足征也；殷礼，吾能言之，宋不足征也。文献不足故也。足，则吾能征之矣。"（《论语·八佾》）这表明，孔子在解释历史时十分重视以"文献"为根据。孔子又强调说："言之无文，行之不远。"（《左传·襄公二十五年》）这表明，孔子十分注重文辞的修养。至于孔子同史学的关系，孟子有一段很重要的谈话，这就是："王者之迹熄而《诗》亡，《诗》亡然后《春秋》作。晋之《乘》，楚之《梼杌》，鲁之《春秋》，一也；其事则齐桓、晋文，其文则史。孔子曰：'其义则丘窃取之矣。'"（《孟子·离娄下》）这段话的内涵非常丰富，反映了史学兴起的社会条件，史书撰写的内容，史书文字表述的要求，以及史书所包含的对于历史的价值判断即善恶褒贬之大义。从孟子的这段谈话中，又表明孔子格外看重史书中的"义"。

以孔子自身的言论和思想与上引《左传》《谷梁传》、司马迁对孔子及其《春秋》的评价，大致是吻合的。综合起来看，这些言论和思想，已包含了中国古代史家所提出的历史撰述三原则，即事实、褒贬、文采及其逻辑联系。当然，在史学发展的漫长的岁月里，不同的史家从某一具体条件出发，会强调其中某一个原则的重要，或批评对于某一原则的背离，以至于刘勰提出了"辞宗丘明，直归南董"(《文心雕龙·史传》)的名言，刘知幾提出了"史才三长"即史才、史学、史识的著名论断等等，都是历史撰述三原则说得以提出的思想前提。

二

北宋史学批评家吴缜撰《新唐书纠谬》一书，对欧阳修、宋祁所撰《新唐书》提出批评，并撰写了长篇序文。这在中国古代史学批评史上成为一个具有重要意义和深远影响的事件。

《新唐书纠谬》的正文分为二十个门类，"纠"《新唐书》之"谬"，这二十个门类是：以无为有，似实而虚，书事失实，自相违舛，年月时世差互，官爵姓名谬误，世系乡里无法，尊敬君亲不严，纪志表传不相符合，一事两见而异同不完，载述脱误，事状丛复，宜削而反存，当书而反阙，义例不明，先后失序，编次未当，与夺不常，事有可疑，字书非是。而其序文则明确地提出了历史撰述的三原则说，吴缜写道：

夫为史之要有三，一曰事实，二曰褒贬，三曰文采。有是事而如是书，斯谓事实；因事实而寓惩劝，斯谓褒贬；事实、褒贬既得矣，必资文采以行之，夫然后成史。至于事得其实矣，而褒贬、文采则阙焉，虽未能成书，犹不失为史之意。若乃事实未明，而徒以褒贬、文采为事，则是既不成书，而又失为史之意矣。（《新唐书纠谬》序）

这段话之所以具有重要意义，主要表现在以下几个方面：

第一，这是中国史学上第一次全面地和明确地把握了历史撰述的几个重要原则及其不可分割的内在联系。在此之前，关于历史撰述，除上文所列举的某些言论和思想外，还有讨论正闰问题者，有讨论起元问题者，尤其是刘知幾著《史通》，提出了有关历史撰述的体裁、体例、直书、曲笔、采撰、叙事等问题，这都是历史撰述中的重要问题，但像吴缜这样全面地、高度概括地把历史撰述中的几个重要原则作为一个整体提出来，尚属首次。

第二，吴缜不仅提出了历史撰述的三原则，而且对其内涵作了扼要的解释，认为：所谓"事实"，就是"有是事而如是书"；所谓"褒贬"，就是"寓惩劝"于事实的叙述之中；所谓"文采"，就是借助"文采"而使所得之事实、所寓之惩劝得以向社会传播。吴缜对三原则的解释，字少而意深，具有理论上的启发。

第三，吴缜对于历史撰述三原则各自的位置，并不是作同等的看待。他认为，"事实"是三原则的基础，处于核心位置，它既是"褒贬"的依据，也是"文采"得以展现的依托。唯其如此，作史之人掌握了事实，即使缺乏褒贬与文采，也还可以被视为具有"为史之意"者；反之，只是一味在褒贬、文采上作文章，枉顾了事实，则是有失"为史之意"者。

要之，吴缜提出了一个整体的而且是有重点的历史撰述三原则的理论体系。这个理论体系，不仅在中国古代史学理论发展上是一个新的成就，就是对当今的史学理论建设也具有突出的借鉴意义。我们是否可以认为：认识历史和历史撰述，并不仅仅是为了把握事实和"还原"历史真相，对于完整意义的认识历史和历史撰述来说，价值判断方面的见识和文字表述方面的修养，同样是重要的；反之，缺乏以事实为根据的所谓"褒贬"即价值判断，以及用玩弄辞藻取悦公众的种种做法，本质上已与史学背道而驰。这两种倾向，都是不可取的。这是吴缜的历史撰述三原则说对于当今史学发展的重要启示。

<h2 style="text-align:center">三</h2>

然而，对于吴缜在史学理论方面的这一突出贡献，后人的看法亦颇有歧义。大致说来，重考据者言其非，重理论者论其是，这在钱大昕与章学诚对吴缜的评价中，表现得尤为明显。

钱大昕为乾嘉时期考史名家，他在为《新唐书纠谬》所作的一篇跋文写道："吴廷珍（按指吴缜——引者）初登第，上书欧阳公，求预史局。公以其轻佻，不许。及新史（按指《新唐书》——引者）成，作此书，诋毁不遗余力。然廷珍读书既少，用功亦浅，其所指摘，多不中要害。"钱文继而乃举若干实例以证吴缜之误后写道："新史舛谬固多，廷珍所纠，非无可采，但其沾沾自喜，只欲快其胸臆，则非忠厚长者之道。欧公以轻佻屏之，宜矣。"（《新唐书纠谬》附录，丛书集成初编本）这里所批评的，一是说其学力浅，二是说其所"纠"不中"要害"，三是说其"沾沾自喜，只欲快其胸臆"的治学态度。当然，钱大昕还是指出《新唐书》"舛谬固多"、吴缜所纠"非无可采"的事实，但他否定吴缜的倾向是显而易见的。

同是乾嘉时期史学名家的章学诚却持相反的态度，他认为：从《新唐书纠谬》所列二十个门类进行"纠谬"来看，"观其贯串全书，用心精密，诚有功于研唐事者，前人比之于箴膏肓，起废疾，殆将过之无不及也。"他还批评晁公武对吴缜的指摘，写道：

> 晁公武曰："缜不能属文，多误有诋诃。如《张九龄传》云：'武惠妃陷太子瑛事，九龄奏之，故卒九龄相而太子得不废。'缜以谓时九龄已相，而太子竟以废死，以为新书似实而虚。按史文谓终九龄在相位日，太子得不废也。岂谓卒以九龄为相，太子终无患乎？"是说良允。然二十篇书，隶四百余事，偶因一事失检，而遂谓多有误诋，毋乃刻欤！观其自序与进书之表，颇识文章体要，史氏鸿裁；而竟因一言之失，谓其不能属文，何恶之甚邪！（《唐书纠谬书后》，《文史通义》外篇二，中华书局，1956年）

这里说的"颇识文章体要，史氏鸿裁"，就超出了以一言一事论是非的藩篱，而是指的思想和器识了。章学诚认为欧阳修拒绝吴缜参与修史的请求，是缺乏"大匠度材"的眼光，同时指出当时的现实社会应当重视"后生"的发展。从章学诚的这些评论来看，他肯定吴缜的倾向也是显而易见的。

以钱、章二人的评论相比较，章学诚的见解似看得更开阔一些，一是从主流上看"纠谬"的得失，二是从全局的见识上看作者思想的高度。当然，钱、章均为史学大家，术有专攻，皆以独断之学名于时，并对后世有极大影响，我们似不必以这一具体问题，论其高下，评其是非。我们的目的，是要从吴缜的作史三原则说的内涵中，得到现实的启示，从求真精神、判断标准、表述规范及其统一的基础上，反思和前瞻，以改进和提升当今的史学工作。

（原载《安徽师范大学学报》2014年第1期）

古代史家怎样对待史书体裁

　　史书体裁是史书编撰形成的重要方面，也是中国历史编纂学上的一个重要问题。在这方面，中国古代史学家不仅在具体做法上有很多创造，而且在理论的说明上也有不少值得重视的论点。批判地总结这一部分遗产，对今天的史学工作，尤其是对今天的史书编著工作，是很有意义的。

　　成书于唐高宗显庆元年（656）的《隋书·经籍志》，把中国历史文献分为甲、乙、丙、丁即经、史、子、集四部。其中史部包含正史、古史、杂史、霸史、起居注、旧事、职官、仪注、刑法、杂传、地理、谱系、簿录等十三类。以后的目录学家，大多沿袭这种分类并不断有所损益。至清代修撰《四库全书总目提要》，史部书有十五类。在这许多不同种类的史书中，包含着丰富的史书体裁，显示了我国古代史家讲求史书编撰形式的优良传统和辉煌成就。

史书体裁是史书的主要表现形式。在中国史学的童年时期，历史记载的形式比较简单，主要有记言、记事两种。随着史学的不断发展，一方面是记言、记事这两种古老的体裁继续存在，一方面是记言和记事相结合的史书逐渐多了起来，因而一些新的体裁就不断出现了，如编年体、纪传体、史评体、典制体、文征体、纪事本末体、学案体以及图和表等等，使我国史书在编撰形式上呈现出多彩多姿的景象。

在这些体裁中，以时间为中心的编年体史书出现比较早，如《春秋》《左传》《竹书纪年》等，是春秋末年至战国时期的作品。其后，继起者虽不乏其人，但编年体真正获得长足发展，是在北宋司马光撰《资治通鉴》以后。以大量人物传记为主要内容的纪传体史书，始创于西汉司马迁所著的《史记》，它包含本纪、表、书、世家、列传等五个部分，实际上是多种体裁结合而成的综合体。东汉班固继承《史记》体裁而断代为史，撰成《汉书》。《史》《汉》问世以后，仿效者蜂起。至唐初以纪传体修撰八部前朝史[1]，这种体裁已得到充分发展，而先出的编年体反

---

[1] 唐初所修八史是：《梁书》《陈书》《北齐书》《周书》《隋书》《晋书》《南史》和《北史》。

退次要地位。故从《隋书·经籍志》开始，"乙部书，以迁、固等书为正史，编年类次之"（胡三省《新注资治通鉴》序），说明在实际运用上和社会影响上，晚出的纪传体已经超过了编年体。

但是，中国古代史家对这两种体裁的孰优孰劣，却是经过了几番深入的思考和长时期的争论的。这个争论，自晋迄唐尤为激烈。在这几百年的辩难当中，大致形成了以下三种看法：

第一种看法，认为编年体优于纪传体。如东晋史家干宝"盛誉丘明而深抑子长"，其根据是《左传》一书"能以三十卷之约，括囊二百四十年之事，靡有遗也"（《史通·二体》篇）。北齐魏收曾以纪传体撰成《魏书》，但他却是纪传体的批评者，认为："鲁史（指《春秋》——引者）既修，达者贻则，子长自拘纪传，不存师表。"（《隋书·魏澹传》引魏收语）这种批评的口气是很严厉的。唐玄宗时，朝臣裴光庭提出：纪传体改变了《春秋》的体裁，"既扰乱前轨，又聋瞽后代。《春秋》之义，非圣人谁能修之？"（《册府元龟·国史部·非才》）他进而倡议："撰《续春秋经传》，自战国讫隋，表请天子修经，光庭等作传。"（《新唐书·裴行俭传》附《裴光庭传》）他的这些主张，受到唐玄宗的赏识，然其计划并未能实现。这时，还有一位文史学家萧颖士，也积极提倡编年体，他说："仲尼作《春秋》，为百王不易法，而司马迁作本纪、书、表、世家、列传，叙事依违，失褒贬体，不足以训。"于是，他"乃起汉元帝讫隋义宁编年，依《春秋》义类，为传百篇"（《新唐书·文艺传中》）。萧颖士撰的编年体史书未能流传下来，而他说的《史记》"失褒贬体"，确是一些赞成编年体的史家批评司马迁的主要原因。唐德宗时，出身于史官世家的柳冕十分强调地说："（司马）迁之过，在不本于儒教、以一王法，使杨朱、墨子得非圣人。"又说："求圣人之道，在求圣人之心；求圣人之心，在求圣人之法。法者，凡例、褒贬是也，而迁舍之。《春秋》尚古，而迁变古，由不本于经也。"（柳冕《答孟判官论宇文生评史官书》，《唐文粹》卷八二）柳冕出于史学世家，这种看法自有一定的代表性。他对纪传体的批评，具有较多的理论上的辩难的成分；这个理论的核心，就是"法者，凡例、褒贬是也"这句话。

第二种看法跟第一种看法相反，认为纪传体优于编年体。《后汉书》作者范晔在讲到他为什么采用纪传体撰史时说："《春秋》者，文既总略，好失事形，今之拟作，所以为短。纪传者,史、班之所变也,网罗一代,事义周悉,适之后学,此焉为优,故继而述之。"(《隋书·魏澹传》引范晔语)所谓"网罗一代,书义周悉",是说纪传体能够容纳广泛的史事,这是它优于编年体的主要之点。从今天的观点来看,范晔的这些话可以说是讲得很中肯的。据《宋书·范晔传》载其《狱中与诸甥侄书》,有所谓"纪传例,为举其大略耳,诸细意甚多"的说法,范晔当有《纪传例》专篇,上引《隋书·魏澹传》所述范晔语,或许就是出于这篇《纪传例》的。唐初史家所修前朝八史,都采用纪传体。他们批评《晋纪》作者干宝和《晋阳秋》作者孙盛:"有良史之才,而所著之书惜非正典。"(《晋书》卷八二后论)《晋纪》和《晋阳秋》都是编年体史书。在他们看来,编年体史书写得再好,也不能视为"正典",即所谓"正史"。这反映了唐初史家的看法。针对前人批评司马迁"变古法"、"不本于经"、"失褒贬体"等论点,唐代后期学者皇甫湜还撰《编年纪传论》予以驳难。这是一篇略带总结性的文字,兹节录如下:

> 论曰:古史编年,至汉司马迁始更其制而为纪传,相承至今,无以移之。后代论者,以迁为率私意,荡古

法，纪传烦漫，不如编年。予以为合圣人之经者，以心不以迹；得良史之体者，在适不在同。编年、纪传，系于时之所宜、才之所长者耳，何常之有！故是非与众人同辨，善恶得圣人之中，不虚美，不隐恶，则为纪、为传、为编年，是皆良史矣。

……

又编年之史，束于次第，牵于深井，必举其大纲而简于叙事，是以多阙载，多逸文，乃别为著录，以备时之语言，而尽事之本末。……子长病其然也，出太古之轨，凿无穷之门，作为纪、传、世家、表、志，首尾具叙录，表里相发明，庶为得中，以是无愧。太初以来，千有余岁，史臣接躅，文人比踵，卒不能有所改张，奉而遵行，传以相授，斯亦奇矣。唯荀氏（悦）为《汉纪》、裴氏（子野）为《宋略》，强欲复古，皆为编年。然其善语嘉言细事详正所遗多矣，如览正史，方能备明，则褒贬得失，章章于是矣。

今之作者，苟能遵纪传之体裁，同《春秋》之是非，文敌迁、固，直踪南、董，亦无上矣。倘谬乎此，则虽服仲尼之服，手握绝麟之笔，等古人之章句，署王正之月日，谓之好古则可，顾其书何如哉？！（《文苑英

华》卷七四二)

在几乎所有关于编年、纪传孰优孰劣的辩难文字中，这可以看作是最精彩的一篇。它首先肯定：不论编年、纪传，只要做到"是非与众人同辨，善恶得圣人之中，不虚美，不隐恶"，都可以成为良史。这就比一般参加辩难的史家看得更全面一些。它还提出了编年体史书"多阙载，多逸文"的缺点和司马迁"出太古之轨，凿无穷之门"，创立纪传体的合理性。它最后强调了不懂得继承创新，只是简单地模仿古人的史家，是不会有什么作为的。总之，这一篇文章，是从理论上说明了纪传体的产生及其存在的合理性。

第三种看法，认为编年、纪传各有得失，不可偏废。较早提出这种看法的是南朝梁人刘勰，他在《文心雕龙·史传》篇中写道："观夫《左传》缀事，附经间出，于文为约，而氏族难明。及史迁各传，人始区详而易览，述者宗焉。"范老（文澜）作《文心雕龙注》，于此句下注曰："《左传》为编年之始，《史记》为纪传之祖，二体各有短长，不可偏废。《史通》本彦和（刘勰字彦和）此意，作《二体》篇，可备参证。"刘知幾撰《史通》，作《二体》篇置于《六家》篇之后，足见他对史书体裁的重视。他不赞成编年、纪传"惟此二家，各相矜尚"的做法，主张"辨其利害"，以便使治史者有所遵循。他认为编年体的长处是："系日月而为次，列时岁以相续，中国外夷，同年共世，莫不备载其事，形于目前，理尽一言，语无重出。"它的短处是：其记述人物时，"论其细也，则纤芥无遗；语其粗也，则丘山是弃"。他认为纪传体的长处是："纪以包举大端，传以委曲细事，表以谱列年爵，志以总括遗漏，逮于天文、地理、国典、朝章，显隐必该，洪纤靡失。"它的短处是："同为一事，分在数篇，断续相离，前后屡出"；"编次同类，不求年月，后生而擢居首帙，先辈而抑归末章。"刘知幾的这些话，是分别针对《左传》和《史记》说的；他的结论是："考兹胜负，互有得失"，"欲废其一，固亦难矣。"因此，他主张编年、纪传"各有其美，并行于世"。刘知幾的这些看法，基本上是正确的，它比起前两种看法来说，确有高屋建瓴之势，因而也就跳出了"唯守一家"的窠臼，这反映了刘知幾的卓识。《二体》篇的不足之处，是没有在史书体裁的创新方面提出建设性的意见；而所谓"后来作者，不出二途"的看法，甚至反映了作者认识上的狭隘。不过刘知幾所撰《史通》一书本身，却开创了一种新的史书体裁——史评，这是应当受到重视的。史评体史书所记内容并不是史事本身，而是对史事的评论，或是对史书及史学的评论，《史通》是属于后一种史评。这一点，本文下面还要讲到。

所记内容仍属于史事而在体裁上又另辟蹊径的，是稍晚于刘知幾的中唐史学家杜佑所撰的《通典》。《通典》以典章制度为中心，综合各代，贯通古今。这是典制体史书。它的特点是："每事相类相从，举其始终，历代沿革废置及当时群士论议得失，靡不条载，附之于事，如人支脉，散缀于体"（李翰《通典序》）；因此，"凡历代因革之故，粲然可考"（马端临《文献通考序》）。作为典制体史书开山的《通典》，共分九门①，所以人们也曾把这种体裁的史书称作"分门书"。《通典》之后，有《通志》《文献通考》的出现，世称"三通"。"三通"之后，续作者不绝，以至达到"十通"之多，可见这种体裁深受史家重视。不过"三通"在"通"的含义上并不是一致的：《通典》在于通典制的历史，《通志》在于通社会的历史，《文献通考》在于通文献的历史。当然，典制和文献也都是

---

① 按：李翰《通典序》谓八门，杜佑《上〈通典〉表》自称"书凡九门"（《旧唐书》本传）。

不可脱离史事的。马端临在讲到他著《文献通考》时说：史，是历代史事；献，是前人及近人的奏疏和评论；考，是考订可疑和未当之处，故名其书曰《文献通考》(《文献通考序》)。值得注意的是，马端临在讲到编年体史书《资治通鉴》同典制体史书的区别时，有一段话说得很好："至司马温公（司马光死后追封温国公——引者）作《通鉴》，取千三百余年之事迹，十七史（宋人所谓"十七史"，系指：《史记》《汉书》《后汉书》《三国志》《晋书》《宋书》《南齐书》《梁书》《陈书》《魏书》《北齐书》《周书》《隋书》《南史》《北史》《新唐书》《新五代史》）之纪述，萃为一书，然后学者开卷之余，古今咸在。然公之书，详于理（治）乱兴衰，而略于典章经制。非公之智有所不逮也，简编浩如烟埃，著述自有体要，其势不能以两得也。"（马端临《文献通考序》）这就是说，史书体裁不同，它们所反映史事诸方面内容的详略必有不同，史学家不可能超越一定体裁所能容纳的内容进行撰述；这与其说是史家智力所限，毋宁说是体裁自身的特定要求。马端临这样看待史书的不同体裁，其见识似又在刘知幾之上。

其实，在马端临之前，宋人杨万里在谈到《资治通鉴》和《通鉴纪事本末》二书在表述上的区别的时候，已提出了类似的见解。南宋史家袁枢把《资治通鉴》主要内容总括为二百三十九事，分别列目，各自成篇，略按时间顺序编排，撰成《通鉴纪事本末》一书，从而创立了以事件为中心的纪事本末体。与袁枢“志同志，行同行，言同言”的杨万里对这种新的史书体裁是有深刻的认识的，他在《通鉴纪事本末序》中写道：

> 子袁子（指袁枢——引者）因出书一编，盖《通鉴》之本末也。予读之，大抵搴事之成，以后于其萌；提事之微，以先于其明。其情匿而泄，其故悉而约，其作窕而槬，其究遐而迩。

一言以蔽之：纪事本末体的长处，是把事件的原委始末，表述得清清楚楚。前面曾经说到，唐人皇甫湜撰《编年纪传论》，批评编年体不能“备时之语言”“尽事之本末”。实际上，纪传体也同样不能“尽事之本末”，这一点皇甫湜没有提出来。但他提出了“备时之语言”“尽事之本末”这一史书编著上的要求，却具有重要意义。这个课题由袁枢完成了。

杨万里又讲到他读《资治通鉴》和《通鉴纪事本末》二书的感受的不同，说：

> 予每读《通鉴》之书，见事之肇于斯，则惜其事不竟于斯。盖事以年隔，年以事析，遭其初，莫绎其终；揽其终，莫志其初。如山之峨，如海之茫。盖编年系日，其体然也。今读子袁子此书，如生乎其时，亲见乎其事，使人喜，使人悲，使人鼓舞。未既，而继之以叹且泣也！

在杨万里看来，好的纪事本末体史书，不仅可以使读者对历史事件的原委本末有完整的和清楚的认识，而且它还有一种巨大的感染力，足以唤起读者的强烈的历史感。至于《通鉴》记事，使人有隔膜和茫然之感，那是因为它"编年系日，其体然也"，本不足为怪。杨万里是政治家、文学家和诗人，他的话也许有过于渲染的地方，但绝不是毫无根据的溢美之词。从他概括纪事本末体的特点的准确来看，他的这些话不是随便说的。纪事本末体在南宋时已有人仿效，而在明、清两代得到很大的发展，出现了一批断代的或分皇朝的纪事本末体史书。

以上是我国古代史家对几种主要史书体裁的一些有代表性的评论，而对这些体裁能够作比较全面的历史的考察，则是清代史家章学诚。例如，他在讲到编年体、纪传体、纪事本末体这三种体裁的发展过程及其相互关系时，有一段话是说得很深刻的：

> 神奇化臭腐，臭腐复化为神奇……事屡变而复初，文饰穷而反质，天下自然之理也。《尚书》圆而神，其于史也，可谓天之至矣。非圣人不行，故折入《左氏》，而又合流于马、班。盖自刘知幾以还，莫不以为书教中绝，史官不得衍其绪矣。又自《隋（书）·经籍志》著录，以纪传为正史，编年为古史，历代依之，遂分正附，莫不甲纪传而乙编年。则马、班之史，以支子而嗣《春秋》；荀悦、袁宏，且以《左氏》大宗而降为旁庶矣。司马（光）《通鉴》病纪传之分而合之以编年；袁枢《（通鉴）纪事本末》又病《通鉴》之合而分之以事类。按本末之为体也，因事命篇，不为常格，非深知古今大体，天下经纶，不能网罗隐括，无遗无滥。文省于纪传，事豁于编年，决断去取，体圆用神，斯真《尚书》之遗也。（《文史通义·书教下》）

从《尚书》的"圆而神"开始，中经《左传》《史》《汉》《通鉴》，到《通鉴纪事本末》，又恢复了《尚书》的风格、神韵，这就是"神奇化臭腐，臭腐复化为神奇"的过程。当然，章学诚的这些话，对《尚书》是过于美化或者说是过于理想化了。但是，它毕竟触及到了中国史书体裁发展变化过程中某种规律，即所谓合之则分、分之复合，而在分合过程中走着一条肯定——否定——否定之否定的发展路线，于是新的体裁不断出现，而旧有的体裁也在不断发展、提高，章学诚并不认为袁枢是一位大史学家，但他对《通鉴纪事本末》却评价甚高，在这里，他主要是着眼于中国史书体裁的发展变化来进行考察的。

中国史书还有图、表、学案、史评等重要体裁，古代史家对于这些也有不少评论，本文不一一胪列了。这里，只就史评略说几点。一，从内容上看，史评有两种，一是对史事或人物进行评论，一是对史书或史学进行评论。二，从体裁上看，前一种史评是按史事发展过程，选择其中的人或事之有可议者略作评论，依次排列，集为一书，如范祖禹《唐鉴》、孙甫《唐史论断》、王夫之《读通鉴论》等；后一种史评是按史书或史学本身的问题（如史家见识、史料采集、史书体裁与体例、文字表述、史籍源流、前人得失等）命篇，并于各篇之间显示其内在联系，纂为一书，如刘知幾《史通》、章学诚《文史通义》等。

三、《史通》和《文史通义》是我国古代史家评论史书与史学之某些方面的带总结性的两部著作。《史通》一书主要论说史书的体裁和体例，其《序例》篇还概述了史家重视体例的传统，并且提出"史之有例，犹国之有法。国无法，则上下靡定；史无例，则是非莫准"的论点。《史通》关于史书体裁、体例的论断，有许多还值得我们参考。《文史通义》是一部有很高价值的评论史学的专书，它对清代以前的史书体裁和体例有广泛的评论，而着重阐发作者对一些史学理论的见解和探索。关于史书编撰形式问题，章学诚提出区别"记注"和"撰述"的论点，"以圆神、方智定史学之两大宗门"（《文史通义·与邵二云论修宋书》）的论点，以及他对各种史书体裁的发展演变及其相互关系的论点，都值得我们重视。此外，他对通史的四种体裁的概括也很精辟：

> 总古今之学术，而纪传一规乎史迁，郑樵《通志》作焉；统前史之书志，而撰述取法乎官礼，杜佑《通典》作焉；合纪传之互文，而编次总括乎荀（悦）、袁

（宏），司马光《资治通鉴》作焉；汇公私之述作，而铨录略仿乎孔（逭）、萧（统）[①]，裴潾《太和通选》[②]作焉。此四子者，或存正史之规，或正编年之的，或以典故为纪纲，或以词章存文献，史部之通，于斯为极盛也。

章学诚的这一段话，简括而明了地指出了《通志》《通典》《通鉴》《通选》在体裁上的渊源和特点。前三部书，分别说的是纪传体、典制体和编年体。至于《通选》，却从未曾为一般史家所瞩目，但按章学诚的说法，这是"以词章存文献"，可称为文征体。从这里可以看出，他对史书体裁的思考和研究的功夫之深。在中国古代史家中，章学诚是对史书体裁做了全面考察和系统总结的人。

　　综上所述，中国古代史家对史书体裁一向是很重视的，他们在这方面也提出了许多有益的见解和创造性的论点，这是中国史学的优良传统之一。通过对这一优良传统的分析，我以为可以做如下几点概括：

　　一、中国古代史家非常注意对各种史书体裁的特点

---

①孔逭，南朝宋人，编有《文苑》百卷；萧统，南朝梁人，编有《文选》三十卷。

②裴潾，唐宪宗至唐文宗时人，文宗大和年间，集历代文章，续萧统《文选》，编成《大和通选》三十卷。

进行分析。许多史家长时间内对编年体、纪传体孰优孰劣的辩难，对各种体裁长短得失的评论，以及对各种体裁在发展过程中的相互关系的分析，都是从不同的方面来把握某种史书体裁的特点。

二、中国古代史家还注意于各种体裁间的互相吸收、综合。《史记》为纪传体之祖，实际是包含有本纪、表、书、世家、列传在内的综合体。司马迁自己说是"厥协《六经》异传，整齐百家杂语而成《史记》。班固说："司马迁据《左氏》《国语》，采《世本》《战国策》，述《楚汉春秋》，接其后事"，撰成《史记》。他们说的，不仅是指《史记》的内容而言，也是就它的编撰形式来说的。杜佑《通典》以典章制度为中心，而在编撰形式上则是吸收并发展了纪传体史书中的书、志部分。袁枢《通鉴纪事本末》以事件为中心，但于每篇之中及各篇之间，都略按编年体的要求进行编次。古代史家注意于各种体裁间的互相吸收、综合，这是我国史书在编撰形式上不断有所发展的一个重要原因。

三、中国古代史家尤其注意于史书体裁的改革和创新。司马迁创立纪传体，这无疑是创新。但郑樵说是"百代而下，史官不能易其法"，胡三省也说"自班孟坚以下不

《中国史学史纲》书影

能易"。这大概只能从总的方面说；实际上，《史记》以下
的纪传体史书，在编撰形式上还是不断有所改革的。《汉
书》改《史记》的"八书"为"十志"，《三国志》以纪传体
叙三国史事，《晋书》以"载记"记少数民族政权历史，以
及纪传体诸史在书志、类传方面的增减、变化等等，都是
对纪传体的改革。编年体从《春秋》到《资治通鉴》，典
制体从《通典》到《文献通考》，也都包含着不同程度的
改革和创新。史书体裁的改革和创新，不仅丰富了史书
的编撰形式，而且也扩大了史学研究领域，意义是极为
深远的。

　　四、中国古代史家还重视史书体裁与史学在政治上

的要求的一致性。《史记》以下，凡崇编年而抑纪传的史家，大多认为《春秋》编年是"圣人立法之书"，所谓"法者，凡例、褒贬是也"。他们认为纪传体"黜凡例""失褒贬"，"既扰乱前轨，又聋瞽后代"，因而把编年体视为"明治乱之本，谨劝戒之道"的最好形式。这种认识在中国古代史家中有很大的影响，以致为纪传体作辩护的人也要提出"遵纪传之体裁，同《春秋》之是非"的主张，认为这样才无懈可击。其实，纪传体史书又何尝不考虑到它在政治上的要求呢？司马谈、迁父子撰《史记》，也是要写出"明主贤君忠臣死义之士"的，而《汉书》旨在歌颂"汉绍尧运"，《史》《汉》以下亦多类此。典制体史书的创立者杜佑在《通典序》里明确指出，"所纂《通典》，实采群言，征诸人事，将施有政"；同时也指出了他的"致治"主张及其与《通典》在编次上的"篇第之旨的一致性"。纪事本末体又如何反映它政治上的要求呢？杨万里在《通鉴纪事本末序》中说："由周秦以来，曰诸侯、曰大盗、曰女主、曰外戚、曰宦官、曰权臣、曰夷狄、曰藩镇，国之病亦不一矣，而其源不一哉？盖安史之乱，则（李）林甫之为也；藩镇之乱，则（田）令孜之为也。其源不一哉？得其病之源，则得医之方矣，此书是也。"这些话虽不是袁枢本人说的，但杨万里作为一个政治家来讲这些话，不是更能说明问题么！可见，中国古代史家在历史撰述中决定采用何种体裁的时候，虽有种种不同的考虑和说法，但一般地说，他们都不能不重视史学的政治目的。换言之，为一定的阶级利益服务的史学，它的政治上的要求是可以通过不同的编撰形式反映出来的。皇甫湜说的史书体裁本"系于时之所宜、才之所长耳，何常之有"的话，是有道理的。所谓"才之所长"，指的是史家运用体裁的能力；"时之所宜"，主要就是指的现实的需要了。

中国古代史家重视史书体裁的优良传统及其给予我们的这些启示，对今天的史学工作还是会有所裨益的。

最后，还要说明一点：中国古代史家讲求史书的编撰形式，不仅涉及史书的体裁（各类史书之不同的表现形式），而且也涉及史书的体例（同一史书的内部组织结构和表现形式）。史书的体例也是一个比较复杂的问题，可另为专文予以评论。

（原载《安徽史学》1984年第4期）

从史学中汲取更多智慧

历史是无情的，也是无私的。历史无情，是因为任何人都不能阻挡历史潮流的前进；历史无私，是因为它总是一如既往地给一代代人留下宝贵的遗产和丰富的智慧。古往今来，许多有识之士，都懂得这些遗产和智慧对于人们从事现实的与未来的创造，具有非常重要的价值和意义。

一　历史与历史智慧

中国有句古话，叫作"君子以多识前言往行，以畜其德"（《易·大畜》）。这里说的"前言往行"，后人解释为前辈贤者的嘉言懿行，包含有道德、学识、智慧的广泛内容。因此，这里所说的"德"，也就具有道德、智慧的深刻内涵了。所谓"畜",是培养和积累。这个古训揭示了一个道理：人们从历史中可以得到"德"，即得到道德、学识和智慧。

人类创造了自己的历史，创造了物质财富和精神财富。而智慧，即人们认识、辨析、判断、处理事情和发明创造的能力，亦可简称为人们的才智、智谋，则是精神财富的重要部分。这些智慧，一方面可以通过大量的物质财富折射出来；一方面又可以以精神产品的形式积累和传承。可以这样说：历史，是人类智慧的源泉。对于这一点，中国古代学人，尤其是中国古代史家，从很早的时候起，就有十分自觉的认识。史官制度设立之早，就是很好的明证。而从《史记》《汉书》这两部较早出现的"正史"来看，它们所包含的内容及蕴藏的智慧是极为丰富的。直到唐初，人们对史官的规范性要求，都是很明确的。这个要求就是："必求博闻强识、疏通知远之士，使居其位，百官众职，咸所贰焉。是故前言往行，无不识也；天文地理，无不察也；人事之纪，无不达也。内掌八柄，以诏王命，外执六典，以逆官政。书美以彰善，记恶以垂戒，范围神化，昭明令德，穷圣人之至赜，详一代之瞢瞢。"（《隋书·经籍志二》大序）由此看来，史官要把前人在社会历史中的创造活动，尤其是在这种创造活动中所积累的各方面的智慧总结出来，记载下来，是多么艰难而崇高的事业。

如此看来，在历史运动和历史智慧积累之间，史官是发挥了十分重要的作用的。从这个意义上看，史官受到公众、社会和国家的重视，是很自然的。

历史智慧，是同现代科学知识、认识能力相对而言的。正如人们不应当割断历史一样，人们不应当、也不可能割断历史智慧同现代科学知识、认识能力的联系。

历史智慧，作为前人创造出来的精神财富之一，它的生命力是永存的。如果说人们"多识"的途径最初是依靠口耳相传的话，那么在有了历史记载和历史撰述以后，在史书中汲取前人的道德、智慧就成了主要的途径。

二　史学与历史智慧

春秋时期，人们已经认识到通过学习史书可以汲取丰富的智慧，从而用以指导自己的行动。楚国的史官左史倚相，被国人称为"楚国之宝"，说他"能道训典，以叙百物，以朝夕献善败于寡君，使寡君无忘先王之业"（《国语·楚语下》）。左史倚相是熟悉"训典"的史官，能时时同楚王谈论历史上的成功失败、经验教训，使楚王更好地管理国家。典，当是一种古老的文献形式。《尚书·多士》说"惟殷先人有册有典"，证明"册"和"典"至晚在殷朝就已经出现了。楚人说的"训典"既与"百物""善败""先王之业"有关，说明它包含了丰富的历史内容。人们正是从这些丰富的历史内容中汲取智慧，变得更加聪明，更富于历史责任感的。

由于历史文献越来越丰富，于是人们也就懂得了从不同的历史文献中汲取不同方面的知识和智慧。《国语·楚语上》开篇便记述了大夫申叔时回答楚庄王所问论教导太子事，指出："教之春秋，而为之耸善而抑恶焉，以戒劝其心；教之世，而为之昭明德而废幽昏焉，以休惧其动；教之诗，而为之导广显德，以耀明其志；教之礼，使知上下之则；教之乐，以疏其秽而镇其浮；教之令，使访物官；教之语，使明其德，而知先王之务用明德于民也；教之故志，使知废兴者而戒惧焉；教之训典，使知族类，行比义焉。"按三国吴人韦昭注所说："以天时记人事，谓之春秋。""世，谓先王之世系也。""令，谓先王之官法、时令也。""语，治国之善语。""故志，谓所记前世成败之书。""训典，五帝之书。"这些书，属于不同内容和形式的历史文献。今天看来，这段话反映了一个十分重要的现象，即人们对于历史知识的极其重视，以及从历史知识中汲取智慧的自觉精神。值得注意的是，这里说的"耸善而抑恶""昭明德而废幽昏""耀明其志""知上下之则""疏其秽而镇其浮""使访物官""使明其德""使知废兴""使知族类"等等，包含了多方面的知识和修养；而这多方面知识和修养的综合、提升，便可凝结为丰富的和较高层次的智慧。战国时期，百家争鸣，大多有对于历史知识的具体运用，反映出从历史知识层面上升到历史思想、历史智慧层面的生机勃勃的局面。

把从史学中汲取智慧的自觉性推向更高的阶段，是从汉初到司马迁时代实现的。如果说汉初人们重视总结历史经验，显示出对客观历史进程所提供的智慧的现实因素的重视，那么到了司马迁撰写《史记》，就不仅具有前者的那种意识，而且更显示出对于从史学的积淀中汲取智慧的自觉意识，并把二者结合起来，从而向人们展现了一个巨大、幽深的历史智慧的宝库。

司马迁从历史中总结人们创造出来的经验和积累的智慧，至少有两个方面。一个方面，是比较具体的层面，同前人一样，这带有较多的经验色彩；另一个方面，是比较抽象的层面,比前人有了很大的提高,这带有较多的理论色彩。司马迁在撰述《史记》的过程中,还显示出他对于发展史学的自觉意识,这个自觉意识包含了明确地揭示出历史文献中蕴藏着丰富的智慧,并一一强调了它们所具有的价值。这是他不同于前人并超出前人的地方。《史记》之所以成为一部闻名于世的不朽名著,首先就在于它闪耀着灿烂的历史智慧之光。

在司马迁以后,人们重视从史学中汲取智慧有了广泛的发展。这主要表现在:史家关于"鉴""势""理""道"的阐述,从几个重要的方面揭示出史学中所蕴含的高层次的历史智慧,也反映了在历史和史学的发展过程中,历史智慧之积累和提炼的过程。

王夫之认为:"史之为书,见诸行事之征也。则必推之而可行,战而克,守而固,行法而民以为便,进谏而君听以从,无取于似仁似义之浮谈,只以致悔吝而无成者也。则智有所尚,谋有所享,人情有所必近,时势有所必因,以成与得为期,而败与失为戒,所固然矣。"(《读通鉴论·叙论三》)这一段话,从古人的观点来看,是关于史学与历史智慧之关系的很好的说明。

三 现实运动与历史智慧

对于写上句号的20世纪中国史学，有不少人已经开始思考。当然，对于它的理解和总结，尚需时日，或许需要几代史学工作者才能完成这项工作。不过有一点是可以肯定的，即20世纪的中国史学，确确实实给予20世纪的中国人以丰富的智慧。诚如李大钊在20年代出版的《史学要论》一书中所预见的那样："研究历史的趣味的盛行，是一个时代正在生长成熟、正在寻求聪明而且感奋的对于人生的大观的征兆。"他认为，这种"智力的老成"，有利于人们去创造"新世界"。他还指出："历史的进路，纵然有时一盛一衰、一衰一盛的作螺旋状的运动，但此亦是循环着前进的、上升的，不是循环着停滞的，亦不是循环着逆反的、退落的，这样子给我们以一个进步的世界观。"（《李大钊史学论集》，河北人民出版社，1984年，第245～246页）所谓"寻求聪明"和"进步的世界观"，指的是对于人类社会历史进程的认识和对于历史前途的信心，是历史学给予人们的最重要的智慧，也是历史学最重要的社会功能。

回顾20世纪的中国历史，特别是中国共产党领导各族人民所进行的革命与建设的历史，人们都会认识到中国马克思主义史学在丰富人们的智慧、提高全民族精神文化素质方面所发挥的巨大作用。马克思主义史学，一方面深化、普及了人们对于历史唯物主义的认识，一方面又指导人们正确地对待历史遗产，总结历史所遗留下来的那些珍贵品，并用以指导当前的历史运动。这两个方面，都可以看作是20世纪史学领域中的最高智慧。关于这一点，毛泽东提出了深刻的见解，并予以特别的强调，他指出："学习我们的历史遗产，用马克思主义的方法给以批判的总结，是我们学习的另一任务。我们这个民族有数千年的历史，有它的特点，有它的许多珍贵品。对于这些，我们还是小学生。今天的中国是历史的中国的一个发展；我们是马克思主义的历史主义者，我们不应当割断历史。从孔夫子到孙中山，我们应当给以总结，承继这一份珍贵的遗产。这对于指导当前的伟大的运动，是有重要的帮助的。"（《毛泽东选集》第2卷，人民出版社，1991年，第533～534页）这一段历来为人们所熟知的话，肯定了我们这个民族的历史遗留下来"许多珍贵品"，指出了应当如何对待这些珍贵品的理论和方法，强调了正确对待这些珍贵品的现实意义。这话是六十多年前说的。半个多世纪的历史，不论是当年的伟大的民族解放战争，还是现今的伟大的社会主义现代化建设，人们都不会忘记这段话的理论价值和实践意义。毛泽东所说的"珍贵品"，从一定的意义上说，正是中华民族在历史上种种智慧创造的结晶和顽强奋斗的精神。在20世纪，中国人需要这种智慧和精神；面向21世纪，中国人同样需要这种智慧和精神，并把它们发扬光大。

从梁启超呼唤"新史学"，倡言史学是"国民之明镜""爱国心之源泉"（梁启超《新史学》，梁启超《饮冰室合集》文集之九，中华书局，1989年，第1页），到李大钊、郭沫若开辟中国马克思主义史学发展的道路，20世纪的中国史学，虽亦不免经受坎坷，然就全局来看，它无愧是20世纪中国历史一次次伟大变迁和进步的记录与反映；比之于以往的中国史学，它蕴含着许多更新鲜、更富于创造力的智慧。值得注意的是，近些年来，书摊、坊间有不少借用"研究历史"的名义，挂着"史学著作"的招牌而编造出来的文字，既无梁启超所谓"国民之明镜""爱国心之源泉"的品位，更无李大钊所说的"寻求聪明而且感奋的对于人生的大观的征兆""进步的世界观"的境界。这些东西，宣扬历史上的那些过时的、落后的意识，甚至

《中国史学的理论遗产》书影

把一些糟粕视为"精华"加以宣扬、兜售，同毛泽东所推崇的"珍贵品"南辕北辙。它们并不反映"研究历史的趣味的盛行"，倒是反映出一些人追求金钱的趣味。这些东西的肆意横流，有损于史学事业的形象，有害于民族素质的提高，不仅严肃的、有责任心的史学工作者要加以反对，而且社会公众也必然会抵制。

四　从史学中汲取更多智慧

史学有多方面的社会功能，而能够取之不尽、用之不竭地向人们提供历史智慧，正是极其重要的一个方面。

怎样从史学中汲取更多智慧呢?

首先,要正确对待新鲜智慧同历史智慧之间的关系。必须认识到,处于改革开放时代的中国人,进入21世纪的中国人,必须不断学习新知识,增益新智慧,要在教育和科技上不断缩小同发达国家的距离。这一点,应当引起全民族的警觉。同时,我们决不能遗忘、轻视历史智慧的历史意义和现代价值。从本文的分析中可以看到,历史智慧作为曾经存在过的知识的结晶,它永远不会"死亡",还有活泼泼的生命力;它可以使人们拥有一个很高的起点,高瞻远瞩;它可以使人们储备大量的参照体系,彰往察来;它更可以使人们从对于鉴、势、理、道的理解、领悟、体察之中,学到许多聪明、才智,进退裕如地迎接新时代的种种挑战。

其次,要提高从史学中汲取智慧的自觉性。史学不仅可以提高人们的文化素质、精神素质,同样也可以提高人们的科学素质。在这方面,马克思主义史学具有极其重要的作用和价值。马克思主义史学所总结的历史智慧,对于帮助人们树立正确的世界观、人生观、价值观,全面提高中华民族的素质,具有不可替代的作用。历史学所从事的人物、事件、事实判断、价值判断等综合研究,是从感性和理性的结合上来阐明道理，具有突出的生动性和说服力。我们应该有这样的共识：只要还有历史的运动，就一定会有人们的史学活动；史学活动是应当受到公众、社会、国家的更多的关注的。

再次，要努力创造出更多的无愧于时代的优秀成果。世纪之交，史学工作者应充分认识到肩负的责任，撰写出内容充实、根据可靠而又富于启迪性的著作；要抵制、批评那些打着"史学"旗号而贩卖庸俗、低俗、媚俗的"历史书"。史学工作者要学习司马迁"究天人之际，通古今之变，成一家之言"的宏伟气魄，多思考一些重大问题；要学习郭沫若"对于未来社会的待望逼迫着我们不能不生出清算过往社会的要求"（郭沫若《中国古代社会研究》自序，人民出版社，1964年）的社会责任感，多思考一些具有现实意义的问题。这样，史学工作者不仅可以得到更多的智慧，而且可以向社会、向广大读者提供高水平的史学成果。

（原载《光明日报》1997年1月7日）

中国史学：中华民族共有的精神家园

中华文化史是中华民族共有的精神家园。中国史学是中华文化的重要内容，自是中华民族共有精神家园的必不可少的组成部分，并具有极其突出的地位和作用。

一　史学帮助我们认识历史

作为文明古国，中国历史走过了漫长的道路，其艰难曲折、伟大辉煌的历程，我们通过何种途径去认识它、理解它、尊重它，并为此而感到自豪，从而更加热爱我们伟大的祖国？从根本上说，史学，这是我们认识祖国历史的主要途径。二千多年前，处于春秋时期末年的孔子已经说到这个问题，他认为，"文献"是认识夏、殷历史的依据（《论语·八佾》）。唐代史学家刘知幾把问题说得更为明白、易懂,他认为:历史虽已成为过去,但由于"史官不绝,竹帛长存",后世的人们通过阅读史书可以"坐披囊箧,而神交万古,不出户庭,而穷览千载,见贤而思齐,见不肖而内自省",从这个意义说,"史之为用,其利甚博,乃生人之急务,为国家之要道"(《史通·史官建置》)。这里,刘知幾不仅说明了人们认识历史的途径,而且也说明了史学对于个人和国家的极其重要性。

中国先贤对史学的这种深刻认识,是从多种视角展开的。史学家司马迁说:"居今之士,志古之道,所以自镜也。"(《史记·高祖功臣侯者年表序》)政治家唐太宗说:"览前世之得失,为在身之龟镜"(《册府元龟·国史部·恩奖》);又说:"大矣哉,盖史籍之为用也。"(《唐大诏令集·修晋书诏》)思想家龚自珍说:"欲知大道,必先为史。"(《龚自珍全集·尊史》)先贤们这种对史学重视的态度和精神,值得我们认真领会和学习。

我们之所以强调要重视史学,正是因为史学可以帮助我们去认识历史,并从历史中总结经验、增益智慧,从而积极地、有效地参与现实的历史运动。概括说来,这种积极性和有效性主要表现在这样一些方面:

通过史学,人们认识历史,可以得知社会历史演进的过程及其发展规律，"彰往而察来"，增强对于历史前途的信念。

通过史学，人们认识历史，在不断认识历史的过程中，"多识前言往行，以畜其德"，积累起丰富的历史智慧。

通过史学，人们认识历史，进而认识到历史上那些"关国家盛衰，系生民休戚，善可为法，恶可为戒"（司马光《进资治通鉴表》）的重大事件。懂得治国安邦的经验，并将其灵活地运用于现实之中，以有益于社会的进步。

通过史学，人们认识历史，可以从丰富的历史事实中，揭示出史学同作为人们精神世界的文化的辩证关系：一方面，史学是文化的一个重要部分；另一方面，史学又是文化演进、发展的记录和载体。由于史学与文化的特殊关系，如果从文化的观念来看史学的话，可以认为史学具有双重的文化品格。从狭义的文化说，作为精神产品的史学，是文化的一个方面；从广义的文化说，正是因为史学最全面记录了文明时代人类文化的创造、积累和发展，或者说它最全面地反映了文明时代人类文化发展的面貌。既作为文化的一部分，又作为文化演进的记录或载体，这是否可以看作是史学的双重文化品格。认识到史学的这一文化特点,人们对史学的认识才有可能进一步深入,从而明确史学在文化建设中的重要性及其在社会中的重要位置。

通过史学,人们认识历史,还有一个重要方面的思想自觉,即中国历史自传说中的炎帝、黄帝开始,经夏商周三代,历秦汉、三国两晋南北朝、隋唐五代、西夏、辽、宋、金、元以至于明清、近代以来,约五千年的漫长岁月,从未因受到外力的打击而致使政治实体和文明进程中断;换言之,即在这约五千年中中华文明乃具有连续性发展的特点,这在世界几大古代文明中是仅有的、唯一的,而源远流长的中国史学正是反映这一文明发展之连续性的主要载体。可以说,中国史学是伟大的中华文明最有力的历史见证。

通过史学,人们认识历史,这是人们不断培育和增强民族精神的必由之路。中华民族的民族精神,是漫长的历史传统和思想传统中形成和发展起来的,其最突出的表现是:第一,自强不息的革新进取精神,"天行健,君子以自强不息"(《易经·乾》象辞)的古训,激励着世世代代有识之士致力于社会变革,追求"日新又新"的社会进步。第二,以德为尚的宽阔胸怀,"地势坤,君子以厚德载物"(《易经·坤》象辞)的精神境界,启示人们以德治国,以德从业，以德待人，以德律己，从而营造一个海纳百川、异彩纷呈的社会氛围。第三，居安思危的忧患意识，"生于忧患而死于安乐"（《孟子·告子下》）是先贤总结出来的人生与社会的哲理，它揭示了人生之路与国家命运都不是在平静中和无所作为中发展的，而尤其不能满足于现状。这种忧患是一个民族自我更新的强大动力。第四，抗击外侮的爱国精神，从戚继光到林则徐，从义和团运动到伟大的抗日战争，中国人民的爱国主义精神在曲折的历史进程中不断得到提升。中国各族人民共同创造了统一多民族国家的历史，同时也在历史的洗礼中砥砺着伟大的民族精神，成为中华民族生生不息的精神力量。

总起来说，通过史学，生活在现实中的人们能够认识历史，并不断从历史中获得经验、智慧，提高分析现实和观察未来的能力，增强对国家、民族命运的关注意识，等等。正因为如此，史学乃是中华民族共有的精神家园。

二　继承优良传统　发展史学事业

史学给予我们精神上的熏陶和思想上的启迪，是我们神圣的精神家园，我们应当守护好这个精神家园，给它增添内涵，使它发挥新的作用，具有新的生命力。

为此，我们首先要继承这个精神家园所蕴含的优良传统。中国史学在长期的发展中，形成了许多优良传统，如追求信史的传统，经世致用的传统，记载各民族间历史文化认同的传统，以多种体裁反映历史内容的传统，讲求文字表述的传统，为前朝修史的传统，官修史书与私人撰史互相补充的传统，重视史学家自身修养的传统等等。这里，我们仅就前三个传统作扼要介绍。

追求信史的传统，要求历史记载、历史撰述要符合历史事件的真实性。"君举必书"，是这种要求的较早的表现。而"信则传信，疑则传疑"则是这一要求的范围的扩大。自西汉司马迁撰写《史记》时起，这一要求已有了广泛的社会共识，人们称赞《史记》所述："不虚美，不隐恶，其文直，其事核，故谓之实录。"唐代史学家刘知幾撰写《史通》一书，专立《直书》一篇，盛赞史学史上那些敢于秉笔直书的史学家。这个传统在具体表现上，是逐步走向深入、走向全面的：如正确对待事实、褒贬、文采撰史三要素的关系，而把事实置于核心位置（参见吴缜《新唐书纠谬序》）；正确看待国史、野史、家史各自的长短而作合理的抉择（参见王世贞《史乘考误》引言）；谨慎地、客观地考证前史中存在的讹误，祛其疑而存其真（参见钱大昕为赵翼《廿二史札记》所作之序）；自觉地尽可能处理好历史研究、历史撰述中主体（人）和客体（天）的关系，防止过分突出人的主观意向而无益于反映真实的历史（参见章学诚《文史通义·史德》）。

追求信史并不是史学家的最终目的，史家研究历史、撰写史书的目的，最终是要为社会所用。西周的政治家深深懂得历史与现实的联系以及前者对于后者的借鉴作用，强调"我不可不鉴于有夏，亦不可不鉴于有殷"（《尚书·召诰》）。"彰往而察来"（《易经·系辞下》）的古训，包含了这方面的丰富的智慧。这种古今联系、以古为鉴、认识过去而观察未来的思想，在历代史学家那里得到了具体的表现和不同形式的概括。司马迁作纪传体通史《史记》，为的是"述往事，思来者"（《汉书·司马迁传》）；杜佑作典制体通史《通典》的目的是"所纂《通典》，实采群言，征诸人事，将施有政"（《通典》引言）；司马光作编年体通史《资治通鉴》，目的在于希望统治者能够"鉴前世之兴衰，考当今之得失，嘉善矜恶，取是舍非"（《进资治通鉴表》）；袁枢撰《通鉴纪事本末》，是为了揭示重大历史事件的因果关系,使人们从一个一个具体的历史事件的演变中受到启迪(参见杨万里《通鉴纪事本末》序);熟悉历史、理解历史而又洞察历史与现实密切关系的历史评论家王夫之认为,史书所以重要,是因为"君道在焉,国是在焉,民情在焉,边防在焉,臣谊在焉,臣节在焉,士之行己无辱者在焉,学之守正而不陂者在焉"(《读通鉴论·叙论四》之二)。上述史学现象表明,不论史学家撰写何等样式的史书,还是对历史发表评论,其中都包含着面对现实和未来的意向,包含着经世致用的宗旨。在这里,史家追求信史的职责和史学面向社会现实的品格,使求实与致用二者形成辩证统一的关系,这是中国史学的主流。

同时,我们还必须看到,中国在很早的年代起就是一个多民族国家,而自秦朝统一中国后,中国便走上了不断发展的统一的多民族国家的历史道路。这一特点十分突出地反映在中国的历史文献和历史撰述中。一方面是大一统思想发展。大一统思想萌发于《春秋》公羊学,随着秦汉政治统一局面的出现而得到发展,并深深地影响着此后中国政治形势的发展。另一方面中国各民族间的历史文化认同意识的逐步深入:中原先进的文化传统向周边辐射出去，周边各族文化也丰富了中原文化，形成互动互补的文化发展格局；与此同时，中原地区历代王朝历史的更迭和衔接所产生的政治向心力和历史影响力的扩大，不断为周边各族所认同，或作为学习的榜样，或自认为炎黄的后裔，以至于自称是炎黄以来"治统"和周公、孔子以来"道统"的继承者。凡此种种历史现象，表明了一种自然发展的历史趋势，即历史文化认同的趋势和中国统一多民族国家的发展、巩固。关于这些内容和趋势的记载，是中国史学的又一个优良传统。

当今中国史学，应当在继承上述优良传统的基础上，开辟新的道路。自20世纪以来，中国史学出现了"新史学"思潮、新历史考证学思潮和马克思主义史学思潮，它们在历史观和方法论方面各不相同，但都在各自的研究领域做出了出色的成就。其中，马克思主义史学因其同中国的历史命运、历史前途的关系更为密切，故而在新中国成立后，在中国史学领域占有主导地位，虽然它在发展中出现过简单化、片面性的错误，但它从本质上提升人们对历史的认识无疑产生了重要作用，从而极大地推进了历史研究的发展。近三十年来，中国马克思主义史学在逐步反思中走向更加健康的发展道路，显示出它固有的生命力和无可替代的主导作用。

人类历史包罗万象，从这个意义讲，历史撰述的内容也可以是包罗万象的。然而，人们认识历史、研究历史、撰写历史著作，终究不可能、也没有必要把点点滴滴的历史内容都反映出来，而是着重反映对社会发展、国家安全、民族关系、人民休戚密切相关的重大历史事件和历史人物，使人们从中得到启示、丰富经验、提升智慧，有益于当前的历史进步。史学如何在这些方面做得更好，更有成效？这是广大史学工作者有必要认真思考的问题。

三　普及历史知识　提高民族素质

上面所说的是关于史学发展的提高问题，同时史学发展还有普及方面的问题，所谓史学的普及问题，概括说来，就是把历史知识社会化，使其以通俗的形式表现出正确的历史内容而让更多的社会公众能够接受、乐于接受，以至受到历史的教育。就历史教育的重要性来说，它是每一个社会成员都应当接受的，即既有这方面的权利，也有这方面的义务。因为历史教育是国民教育中最基础的教育。我们常说的民族素质、民族精神，首先即得力于历史教育：如我们中华民族是如何发展、壮大起来的，它发展中经历了哪些成功的苦痛，有什么样的经验和教训，它对世界闻名的发展做出过怎样的贡献，它今天又处在何种发展程度上，当今的人们能够从学习历史中得到哪些启示，面对现实中出现的错综复杂的问题，历史会给予我们什么帮助等等。可见，普及历史知识，推动历史知识社会化，是提高全民族基本素质的一项崇高的事业。从事这项事业的每一个人、每一个团体都应具有强烈的使命感和高度的责任心，努力把准确的、有启示意义的历史知识，运用各种通俗形式传播给社会公众，推动全民族基本素质的提高。

近二三十年来，普及历史知识的工作受到广泛的关注，各种新式的传媒在这方面做了不少努力，也确有许多值得称道的作品，如范文澜、蔡美彪等著的《中国通史》，白寿彝主编的《中国通史纲要》，中国社会科学院历史研究所编著的《简明中国历史读本》等，又如中央电视台播放的《国宝档案》《我们的钓鱼岛》等，以及《文史知识》三十年来每期刊出的"历史百题"、关于中国民俗的连载文章等等，都是这方面的优秀作品在不同领域的反映。

值得关注的是，在普及知识的过程中，这些年来也出现了一些误区和不正确的做法。所谓误区，其一，是把严肃的历史知识任意"包装"，使其娱乐化、庸俗化，使其成了人们生活中的"调味品"，丧失了历史教育的意义。其二，是在各种场合大讲历史和历史人物的讲者，有意无意地讲了一些不符合历史事实的东西，被认为这不是学术研究，故而可以原谅的，而不考虑到知识方面的谬误流传给公众带来的危害。所谓错误做法，其一，是故意标新立异，与学术界已有的共识唱一点"反调"混淆视听，借以"吸引"公众；其二，是避开大事，寻求"秘闻"，绘声绘色，加以渲染，把历史讲成了政治人物钩心斗角的故事、阴谋诡计的"汇编"，从而曲解了历史本质，也毒害了社会风气。这些不良现象，应当受到各方面的抵制，以纯洁历史知识社会化的氛围。

中国史学是中华民族共有的精神家园，它对我们维护民族团结，增进历史智慧，提升民族素质，激发爱国主义精神，促进中华民族的伟大复兴，有不可替代的激励作用。因而，守护好这个精神家园，是我们的神圣职责和光荣任务。

（原载《史学史研究》2013年第2期）

后　记

　　本书作为"《文史知识》编委文丛"之一，在即将付梓之际，我有许多话想向读者朋友诉说，集中到一点，我想说的是：一家杂志对于一个学人来说，具有怎样的意义。

　　我在《文史知识》发表的第一篇文章是《谈谈记述南北朝史事的"八书""二史"》，刊登于1982年第7、8两期。要在一篇文章中介绍十部"正史"，这对我来说的确是一个"考验"。由于这是北京师范大学历史系我的同事推荐我写的，所以感到有不小的压力。经过几番推敲，我没有按一部书一部书地来写，而是把它们视为一个整体，从中归纳出六个问题来写，即："八书""二史"，纵横交叉，长短互见，历史特点，社会风貌，典章制度。《文史知识》分成上下篇发表，每篇包含三个问题。此文发表后，受到各方面的好评，自己也感到经过努力，是可以适应《文史知识》这家声望很高、人气很盛的杂志的要求的。

1984年春节前夕，我收到中华书局总编辑兼《文史知识》主编李侃先生的一封统一规格的春节贺信，在这信的后半部分，李先生向我约稿，以"东林书院和东林党"为题，约我为《文史知识》写稿。我心里想：李先生也擅长幽默，要在文章题目"东林书院和东林党"下面署上作者"瞿林东"！当然，是总编辑兼主编约稿，不能不应命。因为我不研究明史，所以费了一个多月的时间，完成了这篇"命题作文"的稿子。原稿写了一万多字，经编辑部精心删削，发表出来约八千字。有远方的朋友写信鼓励我，说这篇文章的文字很不错。而我则认为终于完成了一次"命题作文"的"考试"。正是因为这篇文章的发表，几年后，东林书院举办纪念活动，邀请我去参加，可惜当时因故未能前往，至今引为憾事。

1985年，当时主持《文史知识》编辑工作的杨牧之先生，约我为中华书局的"文史知识文库"组织一本"史学家小传"，纳入"中华人物志"系列，每篇"小传"约五六千字，有的可先期在《文史知识》发表。我以为这个想法很好，也符合自己的专业，于是列出了六十位史学家的名单，在牧之先生的支持下，以中华书局的名义约稿，其中也请了几位老先生撰稿。这就是后来中华书局1986年出版的《中华人物志——史学家小传》，封面上署了我和牧之先生编的字样。过了一段时间，台湾出版了这书的繁体字版，而封面却署为"何兹全、赵俪生等著"。我和一些同行说到此事，大家也都一笑了之。因为何、赵二先生确是我约请他们为"小传"撰稿的，他们自是"小传"的作者无疑。

记得是柴剑虹兄主持《文史知识》时，曾几次要我为《文史知识》的"治学之道"栏目撰文，我几次都推辞了，我认为写"治学之道"是老一辈学者的事情，我自己是谈不出什么"道"的。直到1993年，旧事重提，我实在不好意思再推辞，就写了一篇题为《历史·史学·理论——我是怎样研究中国史学史的》的文章，勉强"交了卷"，发表于《文史知识》1994年第1期。不过通过写这篇文章，也推动自己做了一次自我反思，进一步懂得了"学然后知不足，教然后知困"的道理。同时，对"治学之道"的"道"也有了一点辩证的认识。

……

我和《文史知识》的交往，都离不开"文史知识"这个主题，对我来说，更多的是涉及历史知识和史学知识。在这方面，有一件影响到我在20世纪90年代以来的学术活动的事情，这就是在胡友鸣兄提议下"中国古代史学批评纵横"连载栏目的设立，以及后来中华书局出版的《中国古代史学批评纵横》一书（1994年出版，2000年重印）。关于此事的前前后后和《纵横》的连载在史学界的反映，我在《纵横》一书的"后记"中已约略谈到一些，这里就不赘述了。我要补充说的一点是，由于《纵横》的连载及结集出版，引发了史学界对史学批评的更多关注，从目前来看，其研究态势，可谓方兴未艾。从史学发展来说，这是要感谢《文史知识》，感谢中华书局的。

在同《文史知识》交往的三十多年中，我在《文史知识》上发表了几十篇文章，对于我来讲，这是一份份"答卷"，也是一次次攀登。其间，我逐渐认识到，《文史知识》一批又一批同仁，有一个共同的目标，即以"小文章"铸就"大事业"，这个"大事业"就是致力于提高全民族的人文素养。要特别强调的是，《文史知识》的"雅俗共赏"的办刊宗旨，得到读者的认同、社会的理解，正是它的"大事业"成功的标志之一。

在这篇后记里，我用一些具体的事例和我的一点认识，来说明一家杂志对于一个学人来讲，究竟有怎样的意义。我想说：是良师，是益友，是助力，是动力！我写这些话，是为了向以往的和现在的《文史知识》编辑部同仁诉说这些年来积蓄于胸中的这份情谊。

这本小书的出版，得到《文史知识》编辑部刘淑丽女士、林玉萍女士的关心和支持，我向她们致以深深的谢意，向《文史知识》编辑部致以深深的谢意！博士研究生于泳、硕士研究生朱露川两位同学协助我搜集、汇总文稿，我也向他们表示谢意！

真诚欢迎读者朋友对我的这本小书给予关注和批评。

瞿林东

记于2015年10月14日